Weihnachten mit Fontane

»Der Weihnachtsengel«
Holzstich nach Hermann Kaulbach, um 1890.

Weihnachten mit Fontane

Aufbau-Verlag

Herausgegeben
von Jens Dittmar

ISBN 3-351-02905-5

1. Auflage 2000

Der Abdruck der Lithographie
erfolgt mit freundlicher Genehmigung
des Archivs für Kunst und Geschichte, Berlin
Druck und Binden Ebner Ulm
Printed in Germany

www.aufbau-verlag.de

Inhalt

Alles still!

Alles still! Es tanzt den Reigen
Mondenstrahl im Wald und Flur,
Und darüber thront das Schweigen
Und der Winterhimmel nur.

Alles still! Vergeblich lauschet
Man der Krähe heisrem Schrei,
Keiner Fichte Wipfel rauschet
Und kein Bächlein summt vorbei.

Alles still! Die Dorfes-Hütten
Sind wie Gräber anzusehen,
Die, von Schnee bedeckt, inmitten
Eines weiten Friedhofs stehn.

Alles still! Nichts hör ich klopfen
Als mein Herz durch die Nacht; –
Heiße Tränen niedertropfen
Auf die kalte Winterpracht.

Noch ist Herbst nicht ganz entflohn

Noch ist Herbst nicht ganz entflohn,
Aber als Knecht Ruprecht schon
Kommt der Winter hergeschritten,
Und alsbald aus Schnees Mitten
Klingt des Schlittenglöckleins Ton.

Und was jüngst noch, fern und nah,
Bunt auf uns herniedersah,
Weiß sind Türme, Dächer, Zweige,
Und das Jahr geht auf die Neige,
Und das schönste Fest ist da.

Tag du der Geburt des Herrn,
Heute bist du uns noch fern,
Aber Tannen, Engel, Fahnen
Lassen uns den Tag schon ahnen,
Und wir sehen schon den Stern.

Schlacht- und Backzeit

Das gesellschaftliche Leben ruhte während dieser Spätherbsttage, man erholte sich von den Strapazen der Sommersaison und stärkte sich für die Wintergesellschaften. Aber ehe diese kamen, war noch ein mehrwöchentliches Interregnum durchzumachen, die Schlacht- und Backzeit, die letztere schon mit der Weihnachtszeit zusammenfallend.

Mit dem Gänseschlachten fing es an. Eine reguläre Wirtschaftsführung ohne Gänseschlachten konnte nicht wohl gedacht werden. Es handelte sich dabei um mancherlei, zunächst wohl um die Federn zur Herstellung immer neuer Fremdenbetten, vor allem aber auch um die geräucherten Gänsebrüste, die fast so wichtig waren wie die Schinken und Speckseiten im Rauchfang. Waren, kurz vor Martini, die Gänse zu diesem Zweck in genügender Zahl herangetrieben und auf dem Hofe, wo nun ein entsetzliches Schnattern uns eine Woche lang um unsere Nachtruhe brachte, zu letzter Auffütterung eingepfercht, so wurde auch schon der Tag zu Beginn der Festlichkeit festgesetzt. Meist Mitte November. Auf dem Hofe, hart an die Giebelwand des Hauses sich lehnend, befand sich, wie schon erzählt (und zwar sonderbarerweise mit einem Taubenschlage darüber), die Gesindestube, darin, außer der Köchin, noch zwei Hausmädchen schliefen. Immer vorausgesetzt, daß sie schliefen. Der Kutscher – an Stelle des alten Ehm war längst eine jugendlichere Kraft getreten – sah sich, der Hausordnung nach, zunächst freilich auf die Häckselkammer neben dem Pferdestall angewiesen, er verzichtete jedoch gern auf die Selbständigkeit dieses ihm zuständigen Aufenthalts und zog es vor, den ohnehin engen Raum der Gesindestube durch seine Gegenwart noch enger zu machen. Alles nach dem Satze: »Raum ist in der kleinsten Hütte« etc. War nun aber die Gänseschlachtzeit herangekommen, so bedeutete das eine weitere, sehr erheblich gesteigerte Raumbeschränkung, denn am selbigen Abend, an dem das Massakrieren beginnen sollte, stellte sich zu dem, was für gewöhnlich die Gesindestube beherbergte, auch noch ein Aufgebot alter Weiber ein, vier oder fünf, die sonst als Wasch- oder auch wohl als Jätefrauen ihr Dasein fristeten. Und nun begann das Opferfest. Immer spätabends. Durch die weit offenstehende Tür, geöffnet weil es sonst vor Stickluft nicht auszuhalten gewesen wäre, schienen die Sterne in den verqualmten und durch ein Talglicht kümmerlich erleuchteten Raum hinein. An dem Talglicht immer ein Dieb. Nächst der Tür aber, in einem Halbkreise, standen die fünf Schlachtpriesterinnen, jede mit einer Gans zwischen den Knien, und sangen, während sie mit einem spitzen Küchenmesser die Schädeldecke des armen Tieres durchbohrten (eine Prozedur, deren Notwendigkeit mir nie klar geworden ist), allerlei Volkslieder, deren Text in einem merkwürdigen Gegensatz sowohl zu dem mörderischen Akt wie zu der Trauermelodie stand. So wenigstens mußte man annehmen, denn die Mädchen, die, den Gast aus der Häckselkammer zwischen sich, auf der Bettkante saßen, begleiteten die Volkslieder mit unendlichem Vergnügen, ja, die besonders traurig klingenden Stellen sogar mit Juchzern. Meine beiden Eltern waren sittenstreng, und es war oft die Rede davon, ob diesem frechen Treiben nicht Einhalt zu tun sei; schließlich aber hatte man den Kampf dagegen aufgegeben, und mein Vater, dem es schwante, daß dergleichen schon im Altertume vorgekommen sei, sagte, nachdem er nachgeschlagen: »Es ist eine Wiederholung alter Zustände, römische Saturnalien, oder, was dasselbe sagen will, momentane Herrschaft der Dienenden über die sogenannte Herrschaft.« Und als er so den Hergang historisch rubriziert hatte, gab er sich zufrieden, um so mehr, als die Mädchen am andern Morgen ihn jedesmal durch einen ganz besonders sittigen Augenniederschlag erheiterten. Er stellte dann phantastisch ausschweifende Betrachtungen an, als ob »Gil Blas« seine Lieblingslektüre gewesen wäre. Das war aber nicht der Fall, er las vielmehr nur Walter Scott, was ich ihm heute noch danke, denn einige Bröckelchen fielen schon damals für mich ab. »Quentin Durward« zog er allem vor, vielleicht weil es ein französischer Stoff war. Ich habe hier übrigens noch hinzuzufügen, daß die Schrecknisse dieser Gänseschlacht-Epoche mit der eigentlichen Schlachtnacht und den Trauermelodien keineswegs abgetan waren, sondern sich, durch mindestens eine halbe Woche hin, noch weiter fortsetzten. Diese

Schlachtzeit war nämlich zugleich auch die Zeit, wo das aus Gänseblut zubereitete »Schwarzsauer« tagtäglich auf unseren Tisch kam, ein Gericht, das, nach pommerscher Anschauung, alles andre aus dem Felde schlägt. Auch mein Vater hielt es für seine Pflicht, sich dieser landestümlichen Anschauung anzuschließen, und sagte, wenn die dampfende Riesenschüssel erschien: »Ah, das ist recht; davon eßt nur; das ist die schwarze Suppe der Spartaner; alles Saft und Kraft«, er selber aber suchte sich, geradeso wie wir, das Backobst und die Mandelklöße heraus und überließ die Kraftbrühe der Gesindeschaft draußen und vor allem den Schlacht- und Klageweibern, die sich durch ihre Bohrversuche den gegründetsten Anspruch darauf erworben hatten.

Etwa vierzehn Tage später folgte dann das Schweineschlachten. Meine Stellung dazu war noch genau dieselbe wie zu der Zeit, wo ich, kaum siebenjährig, aus der Stadt hinaus auf Altruppin zu geflohen war, um sowohl dem Anblick wie der ganzen Skala ohr- und herzzerreißender Töne zu entgehen; aber ich war doch inzwischen aus den Kinderjahren in die Jungensjahre hineingewachsen, wo man wohl oder übel seine Ehre darin setzt, alles mannhaft mit durchzumachen, auch wenn sich die eigenste Natur dagegen auflehnt. Daß die Aussicht auf »Reiswurst mit Rosinen« bei Durchführung dieser Tapferkeitskomödie mitgewirkt hätte, kann ich nicht sagen, denn sosehr ich sonst für gute Bissen war, so war ich doch in den der Weihnachtszeit voraufgehenden Wochen immer halb krank von dem unausgesetzt das Haus durchziehenden Fettwrasen. Jedenfalls konnte von gutem Appetit um eben diese Zeit (trotzdem sich's da gerade verlohnt hätte) nie recht die Rede sein, besonders dann nicht, wenn, um Anfang Dezember, wie fast regelmäßig geschah, auch noch ein Hirsch von der Oberförsterei her eingeliefert war, der nun – aufgebrochen, wie man ein Rind aufbricht – an die Giebelwand des Gesindehauses gehängt wurde. Tag um Tag trat dann die Köchin an das schreckliche Giebelornament heran und schälte erst das Ziemer und dann die Vorder- und Hinterschlegel heraus, so daß wir immer aufatmeten, wenn es mit dieser Wildherrlichkeit wieder vorbei war.

Unter einem glücklicheren Stern stand die Backwoche, wo mit Pfeffer- und Zuckernüssen begonnen und mit Brezeln, Kranz- und Blechkuchen aufgehört wurde. Wir durften nicht nur mit in die Backstube hinein, darin es, überaus anheimelnd, nach bitteren Mandeln und geriebener Zitrone roch, sondern erhielten auch, als Weihnachtsvorschmack, eigens für uns Kinder gebackene kleine Wecken, alles reichlich zugemessen. »Ich weiß«, sagte meine Mutter, »daß sie sich den Magen daran verderben, aber das ist besser, wie wenn sie knapp gehalten werden. Sie sollen, all diese Zeit über, eine Festfreude haben, und die bringt ihnen ein Festkuchen am besten bei.« Es hat was für sich, und bei ganz robusten Kindern mag es das unbedingt Richtige sein. Aber so robust waren wir doch nicht, daß es für uns so ohne weiteres gepaßt hätte. Mir war denn auch, um Weihnachten herum, immer sehr weinerlich zumute.

Am Silvester war Ressourcenball, auf den man mich, als den Ältesten, mitnahm. Ich stellte mich dann, in schwankender Gemütsverfassung, in eine Saalecke und sah zu. Wenn dann die tanzenden Paare an mir vorüberschwirrten, war ich zunächst glücklich, daß ich, als eine Art Gast, da stehen und mit dem Auge teilnehmen durfte, und war doch auch wieder unglücklich, daß ich, statt mitzutanzen, eben nur das Zuschauen hatte. Die Nichtigkeit meines Ich legte sich mir schwer auf die Seele, doppelt schwer in dem gastrischen Zustand, in dem ich mich um diese Zeit regelmäßig befand, und erst wenn um Mitternacht der in einen langen blauen Mantel gekleidete Nachtwächter in den Saal trat und, nach voraufgegangenem Signal auf seinem Horn, ein fröhliches Neujahr wünschte, fiel mit einem Male jede Sentimentalität wieder von mir ab. Das Komisch-Groteske der Szene riß mich dann heraus, und ich hatte wieder meinen Frieden.

Tannenbaum und Stechpalme

Weihnachten klopft auch in London an die Türen. Es ist nicht mehr der national-britische Christmaseve mit seinem vorwiegend patriarchalischen Charakter; der Klopfende gleicht vielmehr unsrem alten Freunde »Knecht Ruprecht«, der während der letzten zwanzig Jahre es prächtig verstanden hat, für sich selber Propaganda zu machen und auch der englischen Weihnachtszeit ein mehr und mehr deutsches Gepräge zu geben. Mit andern Worten, es ist der Sieg des Tannenbaums über den altenglischen Weihnachtsbaum, den mistle-toe. In alten Zeiten (wie jedermann aus zahllosen Beschreibungen englischer Romane weiß) prangte der weihnachtliche Mistelbusch am äußersten Ende der festgeschmückten Halle; der Qualm der Lichter und Fackeln mischte sich mit dem Duft der Rund- und Rückenstücke, die an flackernden Feuern brieten; Musik erklang und die scharf gezogenen Schranken zwischen Herr und Diener fielen auf die kurze Dauer eines Abends. Unter dem alten Mistelbusch galt überdies noch das alte Reimwort von einem »Kuß in Ehren«. So war es vordem. Das Alte hat sein Leben auf Schlössern und Herrensitzen gerettet; aber in den großen Städten ist, neben der Mistel und dem reizenden Stechpalmenreis, die Tanne in die Höh' geschossen und bedroht die alten weihnachtsgrünen Mächte mit einer siegreichen Konkurrenz. Eine neue Dynastie, aber stark, weil zweckentsprechend. Einzelne Hyperpatrioten, die den »german influence« auf jedem Gebiete, auch auf dem harmlosesten, bekämpfen und ausrotten möchten, haben zwar die deutsche Tanne in den Bann getan; aber sie werfen sich vergebens dem rollenden Rad entgegen, und jeder neue Weihnachtstisch ist ein neuer Sieg unserer deutschen Sitte. Die Umwandlung hat sich in London beinah vollständig vollzogen: Das Weihnachtsfest, dessen häusliche Feier ein soziales Fest, ein Fest der Ausgleichung, der Brüderlichkeit im schönsten Sinne war, ist ein Kinderfest geworden. Eine schöne und tief poetische Idee hat die andere abgelöst; vielleicht war das alte tiefer im Gedanken und lustiger in der Erscheinung, aber das neue ist lieblicher und heitrer. Noch einmal: Weihnachten im englischen Hause ist ein Kinderfest geworden, und im Einklang mit dieser Wandlung präsentieren sich jetzt die Londoner Straßen. Auch hier drängen sich die Penny-, die Six-Pence- und die Schilling-Buden; riesige Wiegepferde (hübscher als die unsrigen, wie es sich in dem Lande des Vollbluts geziemt) bäumen in die Höh' oder sprengen in vollem Galopp durch die Spiegelscheiben; Trommeln (schlechter als die unsrigen, wie sich's im Lande der militärischen Antipathien von selbst versteht) bilden die üblichen Pyramiden; rote, sternbesäte Luftballons schweben die Glasdecke der Arkaden entlang, und überall an den Straßenecken grünt das Edeltannenreis in Blumentöpfen. Auch an Kauflustigen fehlt es nicht. In der Mittagszeit sind die zur Stadt fahrenden Omnibusse bis auf den letzten Platz besetzt. Damen, junge und alte, sitzen sich in langer Reihe einander gegenüber und haben etwas von der ernsten Würde des Weihnachtsmannes. Nur ein Element unter den täglichen Fahrgenossen fehlt – die Kinder. Das Geheimnis der Weihnachtswoche hält sie daheim, und hier wie überall finden sich selbst die wildesten leicht in jene Gefangenschaft, die schon nach wenig Tagen mit der Freiheit und – dem Christbaum schließt.

An Emilie Fontane (Mutter)

Berlin d. 21. Dzb. 59.

Meine liebe, gute Mama.

Der Ceremonienmeister des diesmaligen Weihnachtsfestes hat angeordnet: ›die Herrn erscheinen mit leeren Händen; die Damen schließen sich den Herren an‹. So stehn die Sachen; aber wenigstens mit leerem Herzen wollen wir nicht kommen und so nimm wenigstens unsre herzlichsten Glückwünsche entgegen. Wir werden den Heilig-Abend natürlich ›im engsten Zirkel‹ zubringen und die Heiterkeit der Kinder wird ersetzen müssen, was sonst wohl fehlt. Glücklicherweise sind wir beide nicht so geartet, daß die Abwesenheit von Sammt und Seide uns besonders bedrückt.

Die unsterblichen Werke Bratrings und Hoppe's sind nun hoffentlich wieder in den Händen ihrer Besitzer und Kühn und Hoffmann gehen ohne Mahnung in Blick und Wort an euch vorüber. Den Wustrau-Aufsatz habt ihr wohl in der Kreuz-Ztng gelesen; der über Carwe folgt wahrscheinlich am nächsten Sonnabend und dient dann als Festlektüre und Kuchenpapier.

Emilie ist pumplich, hält aber den Kopf oben und steigert nicht nutzlos das Päckchen Sorgen das ich ohnehin zu tragen habe. Die Kinder sind wohl und recht nett, natürlich der Große mit dem üblichen Beisatz von Waschlappig-, der Kleine von Rüplichkeit. George brachte heut eine recht gute Censur; an Lerneifer fehlt es ihm nicht.

Mich beschäftigen jetzt zumeist meine Vorlesungen, die am 11. Januar beginnen sollen. Ich verspreche mir nicht viel davon, denn ganz andre Dinge haben ja auch zu nichts geführt, aber ich fühle die Nothwendigkeit 'mal wieder vor dem Publikum zu erscheinen und diesen und jenen wissen zu lassen, daß ich noch da bin.

Zum neuen Jahre schreib ich noch 'mal. Grüße und Empfehlungen an Scherz'ens und Nernst's. Dir und Lisen den herzlichsten Kuß und nochmals den Wunsch: ›frohe Feiertage!‹ Leb wohl, wie immer Dein

Theodor.

Aber diesmal wird es eine Freude sein

Weihnachten rückte heran, und schon die ganze Woche vorher hieß es, »aber *dies*mal wird es eine Freude sein ... so was Schönes«, und wenn ich dann mehr wissen wollte, setzte die gute Schröder hinzu: »Gerade was du dir gewünscht hast ... Die Mama ist viel zu gut, denn eigentlich seid ihr doch bloß Rangen.«

»Aber was is es denn?«

»Abwarten.«

Und so, fieberhaft gespannt, sahen wir dem Heiligabend entgegen. Endlich war er da. Wie herkömmlich verbrachten wir die Stunde vor der eigentlichen Bescherung in dem kleinen, nach dem Garten hinaus gelegenen Wohnzimmer meines Vaters, das absichtlich ohne Licht blieb, um dann den brennenden Weihnachtsbaum, den meine Mama mittlerweile zurechtmachte, desto glänzender erscheinen zu lassen. Mein Vater unterhielt uns, während dieser Dunkelstunde, so gut er konnte, was ihm jedesmal blutsauer wurde. Denn wiewohl er unter Umständen, wie vielleicht nur allzu oft hervorgehoben, in reizendster Weise mit uns plaudern und uns durch freie Einfälle, die wir verstanden, oder auch nicht verstanden, zu vergnügen wußte, so war er doch ganz unfähig, etwas einer bestimmten Situation Anzupassendes, also etwas für ihn mehr oder weniger Zwangsmäßiges, leicht und unbefangen zum besten zu geben. Sonst ein so glücklicher Humorist, konnte er den richtigen Ton bei solchen Gelegenheiten nie treffen. Am Weihnachtsabend trat dies immer sehr stark hervor. Er sagte dann wohl zu sich selbst, fast als ob er sich auf eine richtige Stimmung hin präpariere: »Ja, das ist nun also Weihnachten ... An diesem Tage wurde der Heiland geboren ... ein sehr schönes Fest ...«, und hinterher wiederholte er all diese Worte auch wohl zu uns und sah uns dabei mit zurechtgemachter Feierlichkeit an. Aber eigentlich schwankte er bloß zwischen Verlegenheit und Gelangweiltsein, und wenn dann zuletzt die Klingel der Mama das Zeichen gab und wir, nach dreimaligem Ummarsch um einen kleinen runden Tisch und unter Absingung eines an Plattheit nicht leicht zu übertreffenden Verses:

»Heil, Heil, Heil,
Heil, dreifacher Segen,
Strahl, o heller Lichterglanz,
Unsrem Fest entgegen«,

über den Flur fort in das Vorderzimmer einmarschierten, war er, mein Vater, womöglich noch froher und erlöster als wir, die wir bis dahin doch bloß vor Ungeduld gelitten hatten.

So war es auch an dem hier zu schildernden Weihnachtsabend wieder. Unser Einmarsch, unter Absingung obiger Strophe, war eben erfolgt, und verwirrt und befangen, standen wir, auf den Baum starrend, um die Tafel herum, bis die Mama uns endlich bei der Hand nahm und sagte: »Aber nun seht euch doch an, was euch der Heilige Christ beschert hat. Hier das – und diese Worte richteten sich speziell an mich –, hier das unter der Serviette, das ist für dich und deinen Bruder. Nimm nur fort.« Und nun zögerten wir auch nicht länger und entfernten die Serviette. Was obenauf lag, weiß ich nicht mehr, vielleicht zwei große Pfefferkuchenmänner oder ähnliches, jedenfalls etwas, was uns enttäuschte. »Seht nur weiter«, und nun nahmen wir, wie uns geheißen, auch das zweite Tuch ab. Ah, das verlohnte sich. Da lagen, gekreuzt, zwei schöne Korbsäbel, also genau das (die gute Schröder hatte recht gehabt), was wir uns so sehnlich gewünscht hatten. Und so stürzten wir denn auf die Mama zu, ihr die Hände zu küssen. Aber sie wehrte uns ab und sagte auch diesmal wieder: »Seht nur weiter«, und in einem Aufregezustand ohnegleichen, denn was konnte es nach diesem Allerherrlichsten noch für uns geben, wurde nun auch die dritte Serviette fortgezogen. Aber, alle Himmel, was lag da! Ein aus weißem und rotem Leder geflochtener Kantschu*, der damals, ich weiß nicht unter welcher sprachlichen Anlehnung, den Namen Peserik führte. Meine Mutter hatte erwartet, unsere Freude durch diese scherzhafte Behandlung des Themas gesteigert zu sehen. Aber nach der Freudenseite hin gingen meine Gedanken und Gefühle durchaus nicht. Ganz im Gegenteil. Ich war einfach außer mir und lief in den Garten hinaus, um da wieder zu mir selbst zu kommen, was freilich nicht glücken wollte. Die

* Kantschu: kurze, dicke Riemenpeitsche

Weihnachtsfreude war hin, war an einem gut gemeinten, aber verfehlten Scherze gescheitert. Hatte ich unrecht? Ich glaube, nein. Jedenfalls, wie ich die Sache vor sechzig Jahren ansah, so sehe ich sie noch heute an. Es lag diesem Einfall eine volle Wesens- und Charakterverkennung zugrunde. Für andere hätte es vielleicht gepaßt, für mich nicht. Ich erinnere mich, vor vielen Jahren einmal, in einem Bogumil Goltzschen Buche, das den Titel führte: »Aus meiner Kindheit« (oder so ähnlich), gelesen zu haben, er, der Verfasser, sei jedesmal glücklich gewesen, wenn der Peserik seiner Mutter aus aller Macht über ihn gekommen sei. »Um jeden Schlag schade, der vorbeiging.« Natürlich kann auch nach diesem Prinzip erzogen werden, und ich will gern einräumen, daß dabei prächtige, urkräftige Jungen heranwachsen können, die für die Zukunft mehr Tüchtigkeit versprechen, und dies Versprechen auch halten, als solch empfindsames, von allerhand Eitelkeiten beherrschtes Bürschchen, wie ich eines war. Aber wenn dies auch dreimal richtig wäre, so bliebe dieser Erziehungseinfall – denn etwas Erzieherisches sollte es im letzten doch sein – in meinen Augen immer noch ebenso verfehlt. Ich konnte mich doch nicht plötzlich umwandeln; ich blieb, meinetwegen leider, genau derselbe Empfindling, der ich war, nichts an und in mir wurde besser, ich hatte nichts davon als eine Kränkung und ein verdorbenes Fest. Es gibt nun mal verschiedene Naturen, und wenn es geboten sein mag, schwächer Ausgestattete zu kräftigen und zu stählen, auch wenn es diesen zunächst wehe tut, so ist doch, von den sonstigen Schwierigkeiten der Sache ganz abgesehn, die Stunde, wo der Weihnachtsbaum angezündet wird, sicherlich nicht der Zeitpunkt dafür. Es soll an diesem Abend nicht erzogen, sondern erfreut werden, und der, dem diese Aufgabe zufällt und der sich ihr noch dazu freudig und liebevoll zu unterziehen trachtet, der muß sich doch notwendig die Frage vorlegen, ob der zu Erfreuende an dem, wodurch man ihn erfreuen will, auch wirklich eine Freude haben kann.

Überhaupt, der Abend, an dem dies spielte, war kein rechter Glücksabend.

An Elise Weber geb. Fontane

Berlin 22. Dezb. 80. Potsd. Str. 134.c.

Meine liebe Lise.
Das bevorstehende Fest giebt mir Veranlassung, Dir und den Deinen, nach alter guter Sitte, meine Glückwünsche zu Weihnacht und Neujahr auszusprechen. Ich schließe auch den herkömmlichen Zettel bei, mit der Bitte, den einen oder andern Wunsch Deines Hans damit erfüllen zu wollen. Der jüngere gehört wohl noch zu den glücklich Wunschlosen.

Unser Leben hier ist das alte, nur noch stiller als gewöhnlich. Wir haben uns ganz aus der Welt zurückgezogen und sehen nur noch die Kinder, die 4 Mann hoch, Leben genug ins Haus bringen. Mitunter mehr, als uns, in zwei niedrigen Stuben, lieb sein kann. Es versteht sich von selbst, daß trotz dieser Zurückgezogenheit von der Welt, zu der mich Neigung und Verhältnisse gleichmäßig bestimmen, die alte Ur-Legende fortlebt, ich führte eigentlich ein Leben wie in Tausend und einer Nacht, dinirte mit Excellenzen und soupirte mit Künstlern, und wäre nur nie zu sprechen, wenn jemand von der ›Familie‹ mich sehen wolle.

Das Letztre ist freilich richtig, aber die Gründe sind es dafür desto weniger. Es paßt den Leuten nicht, sich eine Vorstellung von den *wirklichen* Verhältnissen zu machen; wer, wie Tante Pine, einen blos Karte-spielenden Bummel-Mann gehabt hat, hat keine Idee davon, daß es ein Ding in der Welt giebt, was arbeiten, Pflicht und Gewissen heißt. Uebrigens hab ich es lange aufgegeben, mich darüber zu ärgern.

Emilie ist immer krank und vor der Zeit alt geworden. Martha'n haben wir schon seit 14 Tagen hier; sie erkrankte und ist jetzt hier bei Koblancks sel. Nachfolger in Behandlung. Es geht wieder besser und sie hofft Anfang Januar ihre Stelle wieder antreten zu können. George kriegt nun schon ganz die Mienen und Allüren eines angehenden Hauptmanns. Alles grüßt bestens und vereinigt seine Wünsche mit den meinigen. Empfiehl mich Weber. Wie immer Dein alter

Th. Fontane.

An Friedrich Witte

Berlin, d. 3. Januar 1850

Die Festtage über laborierten wir beide, Emilie und ich, an der Grippe. Der Weihnachtsabend war gemütlich, aber doch – dürftig; keiner hatte Geld, um dem andern mehr als ein Paar Handschuh und dergleichen zu schenken. Ich mußte daran denken, daß an *demselben* Abend meine Gedichte in wenigstens fünfzig bis hundert Prachtexemplaren auf verschiedenen Festtischen prangten; und doch, unter dem Weihnachtsbaum des Verfassers sah es derweil ärmlich genug aus. Zum Glück stört mich so was wenig. Ich weiß, daß das Leben sein bißchen Honig woanders saugt – und nur die Aussicht auf direkte Hungerleiderei verdirbt mir in den letzten Tagen meine sonst gute Laune. Adieu, mein lieber Witte, und *immer Kopf oben* wie ihr alter Freund

Th. Fontane

Die Christnacht

I

Auf dem weißgedeckten Tische
Prangt der grüne Weihnachtsbaum,
Trägt im buntesten Gemische
Kerzen, Gold- und Silberschaum.

Vor dem Tische steht ein Knabe,
Blickt die Schätze hastig an,
Ob vielleicht die Weihnachtsgabe
Ihm das Herz erfreuen kann.

Aber nichts will ihm gefallen,
Selbst das Schönste dünkt ihm Tand,
Und er weint, weil an dem allen
Nicht sein Herz Befried'gung fand.

»Mutter, einzig gute Mutter,
Sieh mich nicht so traurig an;

Will ja länger nicht mehr weinen,
Hat es dir doch weh getan!

Ach, du fragst: ›Woher die Tränen?‹ –
Alles, alles, was mich quält,
Ist, daß mich ein heißes Sehnen
Nach – ich weiß nicht was – beseelt.«

II

Auf der weißbeschneiten Erde
Steht an eines Friedhofs Saum
Eine Fichte, wunderprächtig,
Wie ein ries'ger Weihnachtsbaum.

Tausend helle Kerzen flimmern
Über ihm am Himmelsraum,
Und des blassen Mondes Schimmern
Ist des Christbaums Silberschaum.

Vor der Fichte, – auf dem Grabe
Seiner Braut, das sie bewacht –
Kniet nach manchem Jahr der Knabe,
Wieder, in der Christusnacht.

»Gott der Liebe! – hier am Grabe
Hast du endlich dich bewährt,
Hast als schönste Weihnachtsgabe
Endlich Tränen mir beschert.

Mir, dem du so viel genommen,
Dem ja alles, alles fehlt,
Daß ihn, wenn die Tränen kommen,
Heißer Dank für dich beseelt.«

An Emilie Fontane (Mutter)

Berlin d. 31. Dzeb. 60.

Meine liebe, gute Mama.

Eben habe ich den Vers durchgelesen womit Emilie ihren Brief geschlossen hat und fühle in Folge davon eine so entschiedene Lähmung meiner Kräfte, daß ich nicht weiß was aus diesen Zeilen werden soll. Vielleicht komm ich drüber weg, namentlich wenn ich bedenke, daß der Sack mit Pfeffernüssen (für den ich allerschönstens danke) neben mir liegt.

Die Festlichkeit gestern war eigentlich eine völlig verfehlte Affaire, da sich alles in 2 Heerlager getheilt hatte, in Grippehabende die weggeblieben waren und in Grippe-kriegende, die bitterlich froren und eigentlich nur einmal den Ausdruck natürlicher Heiterkeit annahmen – als die große Kutsche vorfuhr, die sie abholte; sie wohnen nämlich alle auf einem Klump in der Links- und Schellingsstraße und hatten sich deshalb zu einer gemeinschaftlichen Chaise aufgeschwungen. Auch mir schmeckt alles heute erst. In der Regel sind unsre Gäste sehr heiter und animirt bei uns, trotzdem stimmen Emilie und ich darin überein, daß es angenehmer ist Gast als Wirth sein. Namentlich auch billiger.

Die Kälte ist seit gestern geradezu unanständig und neben dem Wunsche, beim Einzug in Peking zugegen gewesen zu sein, erfüllt mich jetzt überwiegend die Sehnsucht nach Cairo, Nil, Pyramiden und – 30 Grad Wärme. Aber statt der Pyramiden, um doch auch mal einen geistreichen Anlauf zu nehmen, hat man nur die Sphinx vor sich, die Räthselsphinx des neuen Jahres.

Da wären wir denn beim neuen Jahre glücklich angelangt und den herzlichsten Glückwünschen für dasselbe, stellt sich weiter nichts in den Weg. Erhalte Dich Gott Deinen Kindern und Deine Kinder Dir, erlebe außerdem so viel Freude an ihnen wie man an Menschen erleben kann, was nicht allzuviel ist, denn die Menschen taugen nichts und auch die Besten sind Package. Eine Ausnahme macht meine Frau, die darauf dringt, daß ich das eigens hervorhebe. Ich thu es mit Vergnügen. Uebrigens ist sie, unberufen und unbeschrien, recht gut. Gott mache sie nicht schlimmer. Mit diesem Wunsche und unter Wiederholung der herzlichsten Wünsche für Dein und Schwester Lischens Wohl, wie immer Dein

Theodor.

An Lischen.

Habe ein heitres, fröhliches Herz
Januar, Februar und März,
Sei immer mit dabei
In April und Mai,
Kreische vor Lust
in Juni, Juli und August
Habe Verehrer, Freunde und Lober
in September und Oktober
Und bleibe meine gute Schwester
Bis zum Dezember und nächstem Sylvester.

Die Bücher schick' ich nun wirklich in den nächsten Tagen; ich habe sie so gelegt, daß sie vor mir liegen und mich durch ihren Anblick mahnen.

Th. F.

Nach Hohen-Vietz

Es war Weihnachten 1812, Heiliger Abend. Einzelne Schneeflocken fielen und legten sich auf die weiße Decke, die schon seit Tagen in den Straßen der Hauptstadt lag. Die Laternen, die an lang ausgespannten Ketten hingen, gaben nur spärliches Licht; in den Häusern aber wurde es von Minute zu Minute heller, und der »Heilige Christ«, der hier und dort schon einzuziehen begann, warf seinen Glanz auch in das draußen liegende Dunkel.

So war es auch in der Klosterstraße. Die »Singuhr« der Parochialkirche setzte eben ein, um die ersten Takte ihres Liedes zu spielen, als ein Schlitten aus dem Gasthof »Zum grünen Baum« herausfuhr und gleich darauf schräg gegenüber vor einem zweistöckigen Hause hielt, dessen hohes Dach noch eine Mansardenwohnung trug. Der Kutscher des Schlittens, in einem abgetragenen, aber mit drei

Kragen ausstaffierten Mantel, beugte sich vor und sah nach den obersten Fenstern hinauf; als er jedoch wahrnahm, daß alles ruhig blieb, stieg er von seinem Sitz, strängte die Pferde ab und schritt auf das Haus zu, um durch die halb offenstehende Tür in dem dunklen Flur desselben zu verschwinden. Wer ihm dahin gefolgt wäre, hätte notwendig das stufenweise Stapfen und Stoßen hören müssen, mit dem er sich, vorsichtig und ungeschickt, die drei Treppen hinauffühlte.

Der Schlitten, eine einfache Schleife, auf der ein mit einem sogenannten »Plan« überspannter Korbwagen befestigt war, stand all die Zeit über ruhig auf dem Fahrdamm, hart an der Öffnung einer hier aufgeschütteten Schneemauer. Der Korbwagen selbst, mutmaßlich um mehr Wärme und Bequemlichkeit zu geben, war nach hinten zu, bis an die Plandecke hinauf, mit Stroh gefüllt; vorn lag ein Häckselsack, gerade breit genug, um zwei Personen Platz zu gönnen. Alles so primitiv wie möglich. Auch die Pferde waren unscheinbar genug, kleine Ponies, die gerade jetzt in ihrem winterlich rauhen Haar ungeputzt und dadurch ziemlich vernachlässigt aussahen. Aber wie immer auch, die russischen

Sielen, dazu das Schellengeläut, das auf rot eingefaßten, breiten Ledergurten über den Rücken der Pferde hing, ließen keinen Zweifel darüber, daß das Fuhrwerk aus einem guten Hause sei.

So waren fünf Minuten vergangen oder mehr, als es auf dem Flur hell wurde. Eine Alte in einer weißen Nachthaube, das Licht mit der Hand schützend, streckte den Kopf neugierig in die Straße hinaus; dann kam der Kutscher mit Mantelsack und Pappkarton; hinter diesem, den Schluß bildend, ein hochaufgeschossener junger Mann von leichter, vornehmer Haltung. Er trug eine Jagdmütze, kurzen Rock und war in seiner ganzen Oberhälfte unwinterlich gekleidet. Nur seine Füße steckten in hohen Filzstiefeln. »Frohe Feiertage, Frau Hulen«, damit reichte er der Alten die Hand, stieg auf die Deichsel und nahm Platz neben dem Kutscher. »Nun vorwärts, Krist; Mitternacht sind wir in *Hohen-Vietz*. Das ist recht, daß Papa die Ponies geschickt hat.«

Die Pferde zogen an und versuchten es, ihrer Natur nach, in einen leichten Trab zu fallen; aber erst als sie die Königsstraße mit ihrem Weihnachtsgedränge und Waldteufelgebrumm im Rücken hatten, ging es in immer rascherem Tempo die Landsberger Straße entlang und endlich unter immer munterer werdendem Schellengeläut zum Frankfurter Tore hinaus.

Draußen umfing sie Nacht und Stille; der Himmel klärte sich, und die ersten Sterne traten hervor. Ein leiser, aber scharfer Ostwind fuhr über das Schneefeld, und der Held unserer Geschichte, *Lewin von Vitzewitz*, der seinem väterlichen Gute *Hohen-Vietz* zufuhr, um die Weihnachtsfeiertage daselbst zu verbringen, wandte sich jetzt, mit einem Anflug von märkischem Dialekt, an den neben ihm sitzenden Gefährten. »Nun, Krist, wie wär es? Wir müssen wohl einheizen.« Dabei legte er Daumen und Zeigefinger ans Kinn und paffte mit den Lippen. Dies »wir« war nur eine Vertraulichkeitswendung: Lewin selbst rauchte nicht. Krist aber, der von dem Augenblick an, wo sie die Stadt im Rücken hatten, diese Aufforderung erwartet haben mochte, legte ohne weiteres die Leinen in die Hand seines jungen Herrn und fuhr in die Manteltasche, erst um eine kurze Pfeife mit bleiernem Abguß, dann um ein neues Paket Tabak daraus hervorzuholen. Er nahm beides zwischen die Knie, öffnete das mit braunem Lack gesiegelte Paket, stopfte und begann dann mit derselben langsamen Sorglichkeit nach Stahl und Schwamm zu suchen. Endlich brannte es; er tat, indem er wieder die Leine nahm, die ersten Züge, und während jetzt kleine Funken aus dem Drahtdeckel hervorsprühten, ging es auf Friedrichsfelde zu, dessen Lichter ihnen über das weiße Feld her entgegenschienen.

Das Dorf lag bald hinter ihnen. Lewin, der sich's inzwischen bequem gemacht und durch festeren Aufbau einiger Strohbündel eine Rückenlehne hergerichtet hatte, schien jetzt in der Stimmung, eine Unterhaltung aufzunehmen. Ehe des Kutschers Pfeife brannte, wär es ohnehin nicht rätlich gewesen.

»Nichts Neues, Krist?« begann Lewin, indem er sich fester in die Strohpolster drückte. »Was macht Willem, mein Päth?«

»Dank schön, junger Herr, he is ja nu wedder bi Weg.«

»Was war ihm denn?«

»He hett sich verfiert. Un noch dato an sinen Gebortsdag. Et is nu en Wochner drei; ja, up 'n Dag hüt, drei Wochen. Oll Doktor Leist von Lebus hett em aber wedder torecht bracht.«

»Er hat sich verfiert?«

»Ja, junger Herr, so glöwen wi all. Et wihr wol so um de fiefte Stunn, as mine Fru seggen däd: ›Willem, geih, un hol uns en paar Äppels, awers von de Renetten up 'n Stroh, dicht bi de Bohnenstakens.‹ Un uns Lütt-Willem ging ooch, un ick hürt em noch flüten un singen un dat Klapsen von sine Pantinen ümmer den Floor lang. Awer dunn hürt ick nix mihr, un as he nu an de olle wackelsche Döör käm un in den groten Saal rinn wull, wo uns Äppels liggen und wo de Lüt seggen, dat de oll Matthias spöken deiht, da möt em wat passiert sinn. He käm nich un käm nich; un as ick nu nahjung un sehn wull, wo he bliwen däd, da läg he, glieks achter de Schwell, as dod up de Fliesen.«

»Das arme Kind! Und Eure Frau ...«

»De käm ooch, un wi drögen em nu torügg in unse Stuv un rewen em in. Mine Fru hätt ümmer en beten Miren-Spiritus to Huus. As he nu wedder to sich käm, biwwerte em de janze lütte Liew, un he seggte man ümmer: ›Ick hebb ein sehn.‹«

Lewin hatte sich zurechtgerückt. »Es geht also wieder besser«, warf er hin, und wie um loszukommen von allerhand Bildern und Gedanken, die des Kutschers Erzählung in ihm angeregt hatte, fuhr er hin und her in Erkundigungen, worauf Krist mit soviel Ausführlichkeit antwortete, wie ihm die Raschheit der Fragen gestattete. Dem Schulzen Kniehase war einer von seinen Braunen gefallen; bei Hoppenmarieken hatte der Schornstein gebrannt; bei Witwe Gräbschen hatte Nachtwächter Pachaly einen mittelgroßen Sarg, mit einem Myrtenkranz darauf, vor der Haustür stehen sehn, »un wihl et man en mittelscher Sarg west wihr, so hedden se all an de Jüngscht, an Hanne Gräbschen, 'dacht. De is man kleen und piept all lang.«

Die Sterne traten immer zahlreicher hervor. Lewin lupfte die Kappe, um sich die Stirn von der frischen Winterluft anwehen zu lassen, und sah staunend und andächtig in den funkelnden Himmel hinauf. Es war ihm, als fielen alle dunklen Geschicke, das Erbteil seines Hauses, von ihm ab und als zöge es lichter und heller von oben her in seine Seele. Er atmete auf. Zwei, drei Schlitten flogen vorüber, grüßten und sangen, sichtlich Gäste, die im Nebendorf die Bescherung nicht versäumen wollten; dann, ehe fünf Minuten um waren, glitt das Gefährt unserer zwei Freunde unter den Giebelvorbau des Bohlsdorfer Kruges.

Bohlsdorf war drittel Weg. Niemand kam. An den Fenstern zeigte sich kein Licht; die Krügersleute mußten in den Hinterstuben sein und das Vorfahren des Schlittens, trotz seines Schellengeläutes, überhört haben. Krist nahm wenig Notiz davon. Er stieg ab, holte eine der Stehkrippen heran, die beschneit an dem Hofzaun entlang standen, und schüttete den Pferden ihren Hafer ein.

Auch Lewin war abgestiegen. Er stampfte ein paarmal in den Schnee, wie um das Blut wieder in Umlauf zu bringen, und trat dann in die Gaststube, um sich zu wärmen und einen Imbiß zu nehmen. Drinnen war alles leer und dunkel; hinter dem Schenktisch aber, wo drei Stufen zu einem höher gelegenen Alkoven führten, blitzte der Christbaum von Lichtern und goldenen Ketten. In diesem Weihnachtsbilde, das der enge Türrahmen einfaßte, stand die Krügersfrau in Mieder und rotem Friesrock und hatte einen Blondkopf auf dem Arm, der nach den Lichtern des Baumes langte. Der Krüger selbst stand neben ihr und sah auf das Glück, das ihm das Leben und dieser Tag beschert hatten.

Lewin war ergriffen von dem Bilde, das fast wie eine Erscheinung auf ihn wirkte. Leiser, als er eingetreten war, zog er sich wieder zurück und trat auf die Dorfstraße. Gegenüber dem Kruge, von einer Feldsteinmauer eingefaßt, lag die Bohlsdorfer Kirche, ein alter Zisterzienserbau aus den Tagen der ersten Kolonisation. Es klang deutlich von drüben her, als würde die Orgel gespielt, und Lewin, während er noch aufhorchte, bemerkte zugleich, daß eines der kleinen, in halber Wandhöhe hinlaufenden Rundbogenfenster matt erleuchtet war. Neugierig, ob er sich täuschte oder nicht, stieg er über die niedrige Steinmauer fort und schritt, zwischen den Gräbern hin, auf die Längswand der Kirche zu. Ziemlich inmitten dieser Wand bemerkte er eine Pforte, die nur eingeklinkt, aber nicht geschlossen war. Er öffnete leise und trat ein. Es war, wie er vermutet hatte. Ein alter Mann, mit Samtkäppsel und spärlichem weißen Haar, saß vor der Orgel, während ein Lichtstümpfchen neben ihm eine kümmerliche Beleuchtung gab. In sein Orgelspiel vertieft, bemerkte er nicht, daß jemand eingetreten war, und feierlich, aber gedämpften Tones klangen die Weihnachtsmelodien nach wie vor durch die Kirche hin.

Übte sich der Alte für den kommenden Tag, oder

feierte er hier sein Christfest allein für sich mit Psalmen und Choral? Lewin hatte sich die Frage kaum gestellt, als er, der Orgel gegenüber, einen zweiten Lichtschimmer wahrnahm; auf der untersten Stufe des Altars stand eine kleine Hauslaterne. Als er näher trat, sah er, daß Frauenhände hier eben noch beschäftigt gewesen sein mußten. Ein Handfeger lag da, daneben eine kurze Stehleiter, die beiden Seitenhölzer oben mit Tüchern umwunden. Das Licht der Laterne fiel auf zwei Grabsteine, die vor dem Altar in die Fliesen eingelegt waren; der eine zur Linken enthielt nur Namen und Datum, der andere zur Rechten aber zeigte Bild und Spruch. Zwei Lindenbäume neigten ihre Wipfel einander zu, und darunter standen Verse, zehn oder zwölf Zeilen. Nur die Zeilen der zweiten Strophe waren noch deutlich erkennbar und lauteten:

Sie sieht nun tausend Lichter;
Der Engel Angesichter
Ihr treu zu Diensten stehn;
Sie schwingt die Siegesfahne
Auf güldnem Himmelsplane
Und kann auf Sternen gehn.

Lewin las zwei-, dreimal, bis er die Strophe auswendig wußte; die letzte Zeile namentlich hatte einen tiefen Eindruck auf ihn gemacht, von dem er sich keine Rechenschaft geben konnte. Dann sah er sich noch einmal in der seltsam erleuchteten Kirche um, deren Pfeiler und Chorstühle ihn schattenhaft umstanden, und kehrte, die Türe leise wieder anlehnend, erst auf den Kirchhof, dann, mit raschem Sprung über die Mauer, auf die Dorfstraße zurück.

Der Krug hatte indessen ein verändertes Ansehen gewonnen. In der Gaststube war Licht; Krist stand am Schenktisch im eifrigen Gespräch mit dem Krüger, während die Frau, aus der Küche kommend, ein Glas Kirschpunsch auf den Tisch stellte. Sie plauderten noch eine Weile auch über den alten Küster drüben, der, seitdem er Witmann geworden, seinen Heiligen Abend mit Orgelspiel zu feiern pflege; dann, unter Händeschütteln und Wünschen für ein frohes Fest, wurde Abschied genommen, und an den stillen Dorfhütten vorbei ging es weiter in die Nacht hinein.

Theodor an Emilie Fontane

London 25t Dezember 1855.
23 New Ormond Street
Queens Square

Meine liebe Frau.
Heute früh (also einen Tag zu spät) erhielt ich Deinen liebenswürdigen Brief, den ich nur halb erwartet hatte. Ich bedaure aufrichtig, daß ich ihn nicht in bessrer Stimmung beantworten kann; aber Du wartest auf Nachricht und so bleibt mir keine Zeit eine bessre Laune abzuwarten. Auch muß ich jede Minute wahrnehmen, um nur *überhaupt* zum schreiben zu kommen und es ist mir nicht gestattet, unter den Minuten eine Auswahl zu treffen. Denke nur, wir haben heut am *ersten* Feiertag auch eine Correspondenz machen müssen und morgen am zweiten versteht es sich von selbst. Ich bekenne diese völlige Mußelosigkeit ist doch unbequem. Es ist jetzt 9½ Uhr und nun höre wie ich bis zu dieser Stunde den ersten Feiertag zugebracht habe. Aufgestanden, ein mäßiges Frühstück genossen und Deinen Brief – da mir Wenzel 2 engl. Artikel vortrug – kaum gelesen,

jedenfalls nicht mit Muße und Freude. Dann gearbeitet bis 4¾; dann in einem Cab zur Druckerei gefahren; in der Druckerei (weil heut am Feiertag keine Leute da waren) mit dem Besitzer derselben den Druck besorgt; dann mit dem Cab zur Post; und doch noch – trotz der doppelt Cab-benutzung – *zu spät* gekommen. Also alles umsonst. Nun zu Fuß nach Haus und aufgeräumt und *ordentlich* angezogen; zu schreiben versucht, aber durch Hunger von der Arbeit weggetrieben; zu Fuß nach dem Strand; *nirgends* eine Kneipe offen gefunden und so denn wieder nach Haus. Müde und hungrig sitz' ich nun hier und schreibe Dir diese Zeilen. Ich frage Dich, ist das ein erster Festtag! Hätte diese Abhetzerei ein Resultat, schüfe sie mir und andern einen Segen – à la bonne heure; aber von alle dem ist nicht die Rede. Wir werden 3 Abonnenten kriegen, man wird sich überzeugen daß die Fortsetzung des Unternehmens bare Geldverschwendung ist, man wird uns zurückrufen und möglicherweise uns es entgelten lassen wollen, daß ein von Anfang an verrückt gewesenes Unternehmen (ich hab es Metzeln in einem langen Briefe auseinandergesetzt) wie sich von selbst versteht, gescheitert ist. Wenn nicht ein

Wunder geschieht, so kann ich kein andres Ende absehn. Ich hatte zuletzt noch auf Metzels direkten oder indirekten Einfluß auf ein Dutzend Blätter gerechnet; auch dieser Einfluß scheint nicht da zu sein. Dabei sind wir seit 4 Wochen außer allem Connex mit Berlin und hören gar nichts über die dortigen Intentionen. So weit war ich gekommen. Nun kommt auch noch Wetzel zu Haus, stört mich natürlich beim Schreiben und verdirbt mir vollends die gute Laune.

Ich gehe nun zu den Einzelheiten Deines Briefes über. Es macht mich ein bischen überflüssig (dies ist ein sehr ominöser Schreibfehler; Wentzel brauchte eben das Wort und so lief mir's in die Feder) – es macht mich ein bischen eifersüchtig, daß Du so darauf brennst nach Berlin zu kommen. Auch ist Deine Motivirung, warum Du reisen willst, schwach genug. Es sieht wahrhaftig aus, als wolltest Du 3 oder 4 Tage völlig frei und ungestört in Berlin haben, unbehindert durch Lischen, die noch zurück bleibt, und unbehindert durch Mutter Kummer die dann noch nicht zurück ist. Ich bin übrigens vernünftig und auch vertrauensvoll genug, um diesem aufkeimenden Gedanken nicht allzuviel Raum in mir zu gönnen, aber so viel bleibt doch, daß ich mir einbilde, Du hast irgend einen, wenn auch den besten, heimlichen Grund, der Dich veranlaßt just um diese Zeit Deine Rückreise nach Berlin anzutreten. Der beste Beweis indeß, daß ich vernünftig bin, ist der, daß ich hinzusetze: ich selber wünsche, daß Du reist, und zwar nicht nur um Dir einen Wunsch zu erfüllen, sondern fast ebensosehr deshalb, um endlich in Erfahrung zu bringen wie die Dinge in Berlin stehn. Du wirst, denk' ich mir am 1^{t} oder 2^{t} Deinen Besuch bei Metzel machen, wirst anfragen ob Du nun endlich Aussicht hättest Deinen Mann wiederzusehn u. s. w. Bei der Gelegenheit mußt Du nothwendig erfahren, ob dies Wiedersehn hier oder in der Luisenstraße stattfinden soll. Nachdem Du diesen Besuch gemacht, bitt' ich Dich bei dem guten Froböse (natürlich auf dem Bureau) mit vorzusprechen, ihm die Quittung zu überreichen, die ich diesem Briefe beilegen werde, ihm zu danken für mannigfache Freundlichkeiten und ihn zu fragen, ob er irgend welche kleine Summe Geldes für uns verauslagt hätte. Frag' ihn auch, welchem der Boten Du ein Trinkgeld zu geben hättest. Zu dieser Parthie meines Briefes gehört auch die Aufforderung

Schacht's nicht zu vergessen, wenn aus Deiner Abreise von Berlin noch etwas werden sollte. Ebenso bitt ich Dich Flender's und vor allem meine hochverehrten Wangenheim's zu besuchen, denen ich bei der Gelegenheit zu sagen bitte, wie hoch ich sie alle schätze, von der gnädigen Frau an bis herunter zu den beiden schwäbischen Dienstmädchen. Zu Schultz'ens wirst Du schon um Mutters willen gehen. Während ich dies schreibe, spielt mir allerdings ein Lächeln, und kein angenehmes, um den Mund. Vielleicht ist es möglich, daß alle diese Ordres nutzloser-, lächerlicherweise ertheilt sind. Sei daher in Deinem Auftreten so vorsichtig wie möglich, sprich es aus daß noch immer nichts entschieden sei und ändre das alles erst, wenn Du von Metzel die Zusage hast, daß wir *hier* uns wiedersehn.

Nun zum Weihnachtsabend! Für Deine sehr schönen und liebenswürdigen Geschenke nochmals meinen allerherzlichsten Dank. Es war alles ganz prächtig. Morris hat sich gestern in einigen allerliebsten Zeilen bedankt. Der Dicke hängt, mit rothbeeriger Stechpalme geschmückt, an der Wand und wird von freundlichen Leuten seinem Vater ähnlich gefunden. Meinen Weihnachtsbrief habt ihr hoffentlich noch am 24t, jedenfalls aber doch heute (1t Feiertag) erhalten. Die Gesandtschaftsgelegenheit ist immer unsicher (d. h. hinsichtlich der Zeit) und doch konnt' ich das Kistchen unmöglich zur Post geben.

Wir haben nun also einen heiligen Abend gehabt und er war, wenn man ehrlich sein will, nett genug. Metzel hatte uns ein wichtiges politisches Aktenstück zum Verkloppen geschickt (die *Sundzoll* Note, die Du in unsrer Correspondenz vom 21ten finden kannst) und die Times biß darauf an. Wir erhielten 5 £ St. Theilten uns darin und bestritten davon unsre Weihnachtsgeschenke. Aufgebaut wurde bei Schweitzer, 17 Bloomsbury-Square, der ein schönes, achteckiges, hohes, schloßthurmartiges Zimmer hat, mit einem guten Kamin und gaserleuchtet. Ich bedaure, daß es mir (es ist schon 1½ Uhr und ich habe noch viele Briefe bis morgen früh zu schreiben) noch mehr an Zeit als an Stimmung fehlt, Dir den ziemlich hübschen Abend seiner angemessen zu beschreiben. Wir waren 6 Männer: Dr Wentzel, Julius Schweitzer, Herr Dinkel aus Süddeutschland, Mr. Wood ein junger Engländer, Herr Dr Kauffmann unser Nebenbuhler von der Englischen Correspondenz und Herr Theodor Fontane, den Du kennst. Schweitzer, Wenzel, Wood und ich – wir beschenkten uns gegenseitig. Ich erhielt von Wentzel ein schönes engl: Pokalglas mit einem allerliebsten Gedicht; von Schweitzer allerhand Pomaden und Essenzen, und von Wood ein reizendes Schreibzeug. Ich schenkte an Schweitzer ein chemisches Werk (3 Bände; hatte mich sehr angegriffen) an Wentzel einen Shakespeare und an Wood ein Taschenbuch. Auf dem Tisch stand ein kleiner, allerliebster, *deutscher* Weihnachtsbaum. An Aepfeln, Kuchen und Apfelsinen war kein Mangel. Wir verspeisten eine Gans und einen brennend aufgetragenen Plumpudding und tranken 2 Gallonen Punsch dazu. Eine Gallone ist vier Quart. Wir brachten 3 Toaste aus, die Königin und der König, unser Gast (Kauffmann) und die Frauen (Wentzel's und meine) wobei ich eigens bemerke, daß dieser letztre Toast von *mir* ausgebracht wurde. Auf Augenblicke vergaß ich Hetzjagd und Trennung, vielleicht weil ich sie vergessen wollte, und war recht heiter. Ich dachte eurer oft und in aufrichtiger Liebe und Anhänglichkeit. Schenke uns Gott ein frohes Wiedersehn. Wie ihr den Abend verbracht habt, hoff' ich mit recht vielen Details aus Deinem nächsten Briefe zu ersehn. Der kleine Kerl wird sich gewiß recht gefreut haben. – Daß Scherz und Lisbeth wieder besser stehn, hab ich mit großer Freude erfahren. Sie müssen sich gegenseitig toleriren lernen. Von Deiner schwarzen Schönheit hör' ich jetzt so viel (Chevallerie, Mutter, und Du selbst) daß ich ordentlich neugierig bin Dich zu sehn. Vielleicht werd' ich Feuer und Flamme wie der jüngste. Wenn Du am 30t oder 31ten nach Berlin kommst, so leg' ich Dir vor allem den Rütli an's Herz. Versichre jedem wie lieb ich ihn hätte und wie oft ich ihrer aller gedächte, wenn ich mit dem M. S. in der Hand durch die Straßen trabe. Sie sollten meine Anhänglichkeit nicht nach meinem Schreiben bemessen; ich sei ein fleißiger Briefsteller und schriebe eigentlich gern, aber es sei geradezu *unmöglich*. Wir schlafen von vier bis zehn. Diese Zahlen sind sprechend. Vor allem sage auch meiner verehrten Frau v. Merckel ich hätte faktisch nicht danken *können*, aber so bald ich wieder Athem hätte, holte ich alles ehrlich nach. Dasselbe gilt von meinem lieben guten Lepel, dessen prächtigen Tunnelfest-Brief ich noch immer nicht beantwortet habe, auch zunächst nicht beantworten kann. Nun leb mir wohl, reise am 30^{t} oder 31^{t} mit Gott, führe in Berlin einen anständigen Lebenswandel, benimm Dich klug aber *nicht allzu bescheiden* bei Metzel und schreibe mir umgehend wie Deiner Meinung nach die Glocken zu hängen schienen. Erkläre ihm, (wenn er zögert) daß wir uns nicht geheirathet hätten um halbe Jahre lang auf Probe und um nichts und wieder nichts getrennt zu sein. Du mußt die Sache mit feinem, leisen Humor behandeln, ohne alle Sentimentalität. Meiner lieben Mama sowie euch allen die herzlichsten Glückwünsche zum neuen Jahre und mög' es nicht jede unsrer Hoffnungen zu Schanden machen. Lebt alle wohl. Euer

Theodor.

Am Heil'gen Abend

Fröhlich zog ich meine Straße,
Sang ein liebes, altes Lied,
Das in meiner Brust erklungen,
Eh die Liebe von mir schied.

Plötzlich tönen Kirchenglocken
Aus der Ferne zu mir her,
Meine frohen Lieder stocken,
Und das Singen geht nicht mehr.

Kündet doch des Turms Geläute,
Daß ein Feiertag beginnt,
Daß der Heil'ge Abend heute
Und die Ostern morgen sind.

Staunt ihr, daß bei solcher Kunde
Meine Freude mich verläßt?!
Ach mein Herz, das ich begraben,
Feiert nicht sein Osterfest!

Emilie an Theodor Fontane

Neu-Ruppin d 25ten Dez. 55.

Mein geliebter Mann.

So eben erhielt ich Deinen lieben Brief u. da Mutter u. Lischen in der Kirche sind, Georgechen selig herumspielt, so kann ich Nichts besseres thun, als Dir sagen, daß ich mich ganz *unendlich* über das Gedicht freue; mein süßer Theo wenn ich nur erst wüßte, *wann* ich Dich werde dafür abherzen können, aber davon ist in dem ganzen liebenswürdigen Schreiben keine Sterbenssilbe zu finden; soll es nun wieder länger dauern wie bis Ende Januar? Ich mag nicht daran denken. – Ich fürchte mein Brief ist nun gestern auch nicht in Deine Hände gewesen, dann bekömmst Du ihn heut u. Morgen wohl auch noch nicht. Laß Dir nun von gestern erzählen, wo mir doch weher um's Herz war, wie ich fürchtete. In der Schummerstunde, vor dem aufbauen, saß ich mit George am Ofen u. sprach von Dir u. als er merkte, ich weine, da sagte er: mir thut es auch weh, daß ich nicht bei meinem süßen Vater bin. Nachdem wir aufgebaut hatten, Mutter beschenkte ihn mit einem reich verzierten Baum, u. der kleine Tisch war voll Spielzeug, war er erst ganz benommen; still, aber glühend bis über die Ohren, zu u. hing er sich Alles um, sogar die Pulswärmer, die ich zur Reise gestrickt habe, u. kam dann, ohne daß ihm es gesagt war: ich danke dir mein Mütterchen u. meine Großmama. Daß aber auch ein ganzer Teller voll Pfefferkuchen zu seinem beliebigen Verbrauch da stand, konnte er garnicht fassen. Er war wirklich sehr nett u. mit Thränen in den Augen, halb Freud, halb Leid, sah ich ihm zu. Mutter u. Lischen waren sehr erfreut, u. ich ebenso daß ich sie hatte erfreuen können. Auf meinem Platz lag ein netter Aufsatz, (den mir unser Mutterchen schon zur Kindtaufe geschenkt hatte) u. Allerlei von Sommerfeldt, was mir so wie Dir, Oblaten u. Papier, immer das liebste ist, sogar eine Flasche Eau de Cologne mit der Aufschrift »Theodor« die ich auch seiner Zeit richtig abliefern werde. Außerdem erhielt ich sehr liebe Briefe von Thilde u. Herrmann, nebst einem fertigen, äußerst geschmackvollen Kittel für Georgechen. Herrmann proponirt mir ein Rendez-vous bei Clara in Ludwigslust; da er aber auch sein Kommen nach Luckenwalde verspricht, so habe ich dafür mehr Lust; einmal scheue ich, immer mit Rücksicht auf die große Reise, jede unnöthige Strapatze für den Jungen u. dann ist Clara u. ihr Haus mir doch ziemlich entfremdet. Nur eine herzliche Einladung von ihrer Seite würde mich natürlich umstimmen. Ein Brief von unserer Merckel fehlte nicht, aber er stimmte mich sehr wehmüthig, denn sie theilte mir mit, daß sie am 21ten ihre Schwester, (Mutter der hübschen Lina) plötzlich am Lungenschlage verloren haben; ich werde ihr natürlich gleich schreiben. – Wir leben jetzt äußerst still, es kümmert sich kein Mensch um uns, *mir* ist dies in doppelter Beziehung wohlthuend. Einmal weil mir jegliche Sympathie für die lieben Leutchen fehlt u. es sich tausendmal angenehmer mit unserem Mutterchen lebt, wenn *sie* von außen unberührt bleibt; sie ist nun mal ausnehmend gut in der Kinderstube u. den angrenzenden Räumen aber – ungenießbar in der Gesellschaft. Mir wird es schwer werden, von ihr zu gehen, wenn es wirklich auf *Jahre* sein sollte. Uebrigens sind wir nun allesamt, bis auf das glücklich nicht Zeit u. Ort kennende Kindergemüth, sehr ungeduldig u. können gar nicht erwarten, bis Du schreiben wirst, nun ist über Kommen oder Bleiben entschieden. Ich weiß nun auch garnicht, soll ich denn am 2ten Jan. zu Laura reisen; länger möchte ich nicht gern hier bleiben.

10 Uhr Abends. Eigentlich sollten diese Zeilen Morgen Abend erst fort, allein bei dem unregelmäßigen Postgang ist es doch besser, er geht bereits früh ab, damit Du an Deinem Geburtstag doch *eine* Aufmerksamkeit von mir erhältst, als Geschenk, habe ich Dir falls Du zurück kommen solltest, das Menzel'sche Bild zugedacht, welches Du für Sommerfeldt besorgt hattest. Wünschen kann ich Dir nur eine recht kräftige, lange lange Jahre dauernde Gesundheit, denn Dein liebenswürdiges, heitres Gemüth wird Dir unser guter Gott wohl erhalten.

Ich freue mich, daß Dein Geburtstag ein Sontag ist, da hast Du doch nicht die Zeitungsquälerei; ich werde dann wohl noch hier sein u. eben so wehmüthig gestimmt sein, wie heut den ganzen Tag, aber was hilft's? der Gedanke, Dich vielleicht im Januar noch nicht wieder zu sehn, steht jetzt als drohendes Gespenst vor meiner Seele, ach, ich kann nicht länger ohne Dich sein.

Georgematz wollte auch schreiben u. Dir Glück wünschen; einen ganz kleinen, (den *kleinsten* den er hatte) Pfefferkuchen hat er raus gesucht Dir zu schicken; jetzt schläft er bereits seit Stunden, denn von allem spielen war er sehr müde. Er hat immer von Neuem wieder Ausschlag, befindet sich aber sehr wohl dabei. Morgen werden wir wohl bei Scherzen's sein. – Vor 10 Jahren machte ich Dir ein Gedicht; heut wäre mir es aber nicht möglich, trotzdem es in meinem Herzen noch eben so aussieht wie damals. Sei herzinnig geküßt von Deiner nur durch Dich glücklichen

Frau Emilie.

An Emilie

Zu Weihnachten 1856

Die Weihnachtszeit ist wieder da
Mit Tannen und mit Lichtern,
Ich stünde gern als Herr Papa
Unter lachenden Gesichtern;
Doch ach, zu fremdem Gänse-Genuß
Nach Brompton fahr ich im Omnibus,
Es geht nun mal nicht anders.

Gern kröch ich umher mit meinem boy
Wie der Sohn der Jeanne d'Albret
Und stimmte mit ein, bei Hott und Hoi,
In sein Lachen und Gedalbre;
Doch die Abschlagszahlung auf meinen
  Wunsch
Heißt »66« und Whisky-Punsch –
Es geht nun mal nicht anders.

Die Stunden gehen, die Tage gehen,
Vergehen immer geschwinder,
Es kommt, will's Gott, ein Wiedersehn,
Es kommen Frau und Kinder,
Es ist der Trennung bald genug
Und leer wird auch ein bittrer Krug,
Es geht nun mal nicht anders.

In einem Hause ohne Kinder

»*Lieber Lewin*! Vielverwöhnter, der Du bist, werden diese Zeilen, die in sich selber schon eine Huldigung bedeuten, Deiner Eitelkeit keinen unerheblichen Vorschub leisten. Aber ich habe eine rechte Plauderlust und empfinde stündlich, daß Du mir fehlst. Bist Du doch der wenigen einer, die das Talent des Zuhörens haben, doppelt selten bei denen, die selber zu sprechen verstehen.

Wir haben einen prächtigen Weihnachtsheiligabend gehabt, und um dieses Abends willen schreibe ich. Du wirst nun zunächst denken, daß der Christbaum, wie es ja auch sein sollte, uns so recht hell ins Herz hineingeschienen hätte; aber so war es nicht. In einem Hause, in dem die Kinder fehlen, wird das Christkind immer einen schweren Stand haben, so nicht etwa der Kindersinn den Erwachsenen verblieben ist. Und Kathinka, die so vieles hat (vielleicht *weil* sie so vieles hat), hat diesen Sinn nicht. Was mich angeht, so bin ich von der Segenshand, die diese Gabe leiht, wenigstens leise berührt worden. Gerade genug, um eine Sehnsucht darnach zu fühlen.

Wir waren allerengster Kreis: Papa, Kathinka, eine neue Freundin von ihr, die Du noch nicht kennst, und ich. Als die Türen eben geöffnet wurden, kam Graf Bninski. Er hatte Aufmerksamkeiten für uns alle, zu weitgehende für mein Gefühl; aber Kathinka schien es nicht zu empfinden. Der erleuchtete Saal, der flimmernde Baum lachten mir ins Auge, aber, wie ich Dir wiederholen muß, es drang nicht weiter. Es hatte alles den Charakter einer reichen Dekoration. Selbst der Spitzenüberwurf à la Reine Hortense (Notiz für Renate), den Papa von Paris her bezogen hatte, konnte an diesem Eindruck nichts ändern. Die Unterhaltung, nach den ersten Auswechslungen gegenseitigen Dankes, war nicht frei. Der Graf kannte den Inhalt des Bulletins; wir vermieden ein Gespräch darüber, um ihn nicht zu verletzen.

Unter diesen Umständen war es fast wie Erlösung, als ein lose zusammengeschürzter Zettel an mich abgegeben wurde, der in der lapidaren Schreibweise unseres Jürgaß lautete: ›Heute, Donnerstag, den 24., *Weihnachtsbowle*. Mundts Weinkeller, Königsbrücke 3. Neun Uhr; besser spät als gar nicht. Gäste willkommen. v. J.‹ Ich reichte dem Grafen, der erst tags vorher den Wunsch geäußert hatte, unseren Klub kennenzulernen, den Zettel hin, wies auf die beiden Schlußworte und fragte ihn, ob es ihm genehm sein würde, mich zu begleiten. Er sagte zu, fast zu meiner Überraschung, da seine Stimmung wenig gesellig schien. Übrigens hatte ich später keine Ursache, seine Zusage zu bedauern.

Bald nach neun Uhr waren wir am Rendezvous, das nicht glücklicher gewählt sein konnte. In solchen Sachen kann man sich auf Jürgaß verlassen. Du entsinnst Dich, daß die Flußufer der Königsbrücke zu beiden Seiten einen hohen Quai bilden, auf dem die Giebel und Seitenflügel einzelner alter Gebäude stehen. So auch das Mundtsche Haus. Wir stiegen, von der Straße her, in den Weinkeller hinunter, tappten uns in einem dunklen Gange vorwärts und traten endlich in einen großen, aber niedrigen und holzgetäfelten Salon, der, alte Bilder in mir weckend, mich lebhaft an die Kajüten englischer

Kriegsschiffe erinnerte. Einige Freunde waren schon versammelt: v. Schach, Bummeke, Dr. Saßnitz und Buchhändler Rabatzki. Jürgaß fehlte noch. Ich stellte Bninski vor; dann nahmen wir Platz. Ich hatte nun erst den vollen Eindruck von dem Anheimelnden des Lokales, eine gute Beleuchtung, ein Feuer im Ofen, ein langer, weißgedeckter Tisch, dessen Plätze so gelegt waren, daß sie den Gästen einen freien Blick auf die Spree gönnten.

An den Fenstern vorbei, die fast die ganze Höhe des Zimmers hatten und bis auf den Fußboden niedergingen, bewegte sich ein bunter Weihnachtsverkehr, eine Art Newamesse. Schlittschuhläufer mit Stocklaternen, Waldteufeljungen, kleine Mädchen mit Wachsengeln, alles zog wie eine Erscheinung, mal hell, mal dunkel, an unseren Fenstern vorüber, und von der Königsbrücke her klang das Schellengeläute der Schlitten und der gedämpfte Lärm der Stadt.

Endlich kam Jürgaß; in der Hand hielt er eine große blaue Tüte. ›Hier bring ich Weihnachten; die Hauptsache aber, die ich meinen Gästen bringe – denn ich bitte, Sie heut als solche betrachten zu dürfen –, ist selber ein Gast. Versteht sich, ein Poet.‹ Damit wies er auf einen Herrn, der mit ihm zugleich eingetreten war. Ehe ich noch Zeit hatte, Bninski und Jürgaß miteinander bekannt zu machen, fuhr dieser fort: ›Ich habe die Ehre, Ihnen hier Herrn Grell oder, mit seinem vollen Rang und Namen, den Theologie-Kandidaten Herrn Detleff Hansen-Grell vorzustellen, eine Art Hintersassen von mir, einen Hörigen derer von Jürgaß auf Gantzer. Genealogisches über die Grells, beziehungsweise über die Hansen-Grells, behalte ich mir vor.‹ Alles sah lachend, wenn auch einigermaßen überrascht, auf Jürgaß, der, ohne eine Antwort abzuwarten, in demselben Tone fortfuhr: ›Unsere „*Kastalia*" vertrocknet; es fehlt ihr frisches Blut. Man könnte die Herren Poeten unseres Kreises in Verdacht haben, sie scheuten die Rivalität neu auftretender Kräfte. Wenn ich nicht wäre und Bummeke und hier unser Freund Rabatzki, der, um die letzte Spalte seines ›Sonntagsblatts‹ zu füllen, dann und wann einen jungen Lyriker einfängt, so wär es mit dem Sprudeln unseres Musenquells, trotz seines hochtönenden Namens, bald vorbei. Ist es nicht unerhört, daß ich, um die drohendste Gefahr abzuwenden, von meines Vaters Gütern einen lyrischen Sukkurs verschreiben muß?‹

Das Eintreten eines Küfers, in vorschriftsmäßiger Lederschürze, unterbrach die Rede. Er trug eine Bowle auf, und die große Weihnachtstüte begann zu kursieren, die, neben rheinischen Walnüssen, einige Pakete französischer Pfefferkuchen enthielt. Jürgaß hatte den Vorsitz. ›Ich heiße Sie willkommen‹, nahm er abermals das Wort. ›Hinsichtlich der Tüte empfehl ich weise Sparsamkeit; ihr Inhalt ist momentan unersetzlich. Aber die Bowle hat einen Zuschuß zu gewärtigen, eventuell mehrere.‹

[...]

Es war wohl elf Uhr, und das Schellengeläute von Brücke und Straße her schwieg bereits ganz, als Jürgaß anhob: ›Ich denke, wir improvisieren eine Kastalia-Sitzung. Herr Hansen-Grell wird die Güte haben, uns einiges vorzulesen.‹

Diese Mitteilung wurde mit bemerkenswerter, aber freilich auch verzeihlicher Kühle aufgenommen. Der Gast sah so unpoetisch wie möglich aus, und die Empfehlung unsers Jürgaß, wie Du nachempfinden wirst, war nicht eben dazu angetan, ihm Vorschub zu leisten. Er zog nun ein Manuskript von bedenklichem Umfang aus der Tasche; ich glaube, daß ein Bangen durch alle Herzen ging.

Aber wir sollten bald anderen Sinnes werden. Er bat unbefangen um die Erlaubnis, uns eine Ballade, die einen norwegischen Sagen- oder Märchenstoff behandle, vorlesen zu dürfen: ›Hakon Borkenbart‹. Du mußt nämlich wissen, er hat eine Zeitlang in Kopenhagen gelebt. Wie das so gekommen, das erfährst Du, neben manchem anderen, zu anderer Zeit. Er hob nun an und las ausdrucksvoll, fest, mit wohltönender Stimme und wachsendem Feuer. Es waren wohl an zwanzig Strophen. Gleich die erste, die bei der Debatte wiederholt wurde, ist mir im Gedächtnis geblieben:

Der König Hakon Borkenbart
Hat Roß und Ruhm, hat Waff' und Wehr,
Und hat allzeit zu Krieg und Fahrt
Viel hohe Schiff auf hohem Meer,
Es prangt sein Feld in Garben,
Er aber prangt in Narben,
In Narben von den Dänen her.

In der zweiten Strophe zieht Hakon aus, um, trotz seiner fünfzig Jahre, um Schön-Ingeborg zu freien. Ich mühe mich vergeblich, die Reime zusammenzufinden, aber mit der dritten Strophe, die mir besonders zusagte, wird es mir wieder gelingen. Wenigstens ungefähr.

> Schon grüßt ihn fern so Turm wie Schloß,
> Und stolz und lächelnd blickt er drein;
> Er spricht herab von seinem Roß:
> ›Und bin ich alt, so mag ich's sein!
> Und wär ich alt zum Sterben,
> Auch Ruhm und Narben werben,
> Und werben gut wie Jugendschein.‹

An dieser Stelle, wie Du Dir denken kannst, brach unser alter Bummeke in lautes Entzücken aus. Ich hin ganz sicher, daß er sich in dem Augenblicke als Hakon Borkenbart fühlte. Das Gedicht verläuft nun so, daß die schöne Ingeborg ihn abweist, wofür er Rache gelobt. Er verkleidet sich als Bettler und setzt sich mit einer goldenen Spindel vor Ingeborgs Schloß. Sie begehrt die Spindel; er verweigert sie ihr. Ihre Begierde entbrennt so heftig, daß sie sich dem Bettler hingibt, um die Spindel zu besitzen. Nun kommen die bekannten Konflikte; der Vater in Zorn; Verstoßung. Zuletzt entpuppt sich der Bettler als Hakon Borkenbart, und alles gelangt zu einem glücklichen Schluß.

Es war mir ein Genuß gewesen, dem Gedicht zu folgen, und ich darf sagen, uns allen. Neben dem Dichter selbst interessierte mich Bninski am meisten. Er wurde immer ernster. ›Seltsam‹, so las ich auf seiner Stirn, ›welche Prosa der Erscheinung und dahinter welch heiliges Feuer!‹

Dies Feuer war nun in der Tat der Zauber des Gedichts und des Vortrags. Sonst bot es angreifbare Punkte die Menge. Doktor Saßnitz, auch an diesem Abend der Avantgardenführer unserer Kritik, nahm zuerst das Wort. Er hob mit Recht hervor, daß unser verehrter Gast sein großes Darstellungsvermögen an einen Gegenstand gesetzt habe, dem mit einem geringeren Kraftaufwand mehr gedient gewesen wäre. Das Ganze sei, wie er selber bemerkt habe, ein Märchenstoff. Ein solcher aber müsse in der Schlichtheit, die seinen Reiz bilde, nicht durch Pracht des Ausdrucks gestört werden. Das Gedicht, bei unbestreitbaren Vorzügen, sei zu lang und namentlich zu schwer.

Hätte unser Gast in unser aller Augen noch gewinnen können, so wär es durch die Art gewesen, wie er den Tadel aufnahm. Er nickte zustimmend und sagte dann zu Saßnitz: ›Ich danke Ihnen sehr,

Ihre Ausstellungen haben es getroffen. Ich wußte nicht, woran es lag, daß mich die eigene Arbeit nicht befriedigte; nun weiß ich es.‹

Das Gespräch setzte sich fort. Bald danach war die Bowle geleert, und Jürgaß, der wenigstens des Ausharrens von Bummeke sicher war, befahl eine zweite. Bninski und ich aber warteten ihr Erscheinen nicht ab; Mitternacht war ohnehin bald heran. Als wir auf den stillen Platz hinaustraten, lag der Sternenschein fast wie Tageslicht auf den Straßen. Ich sah hinauf; mir war zu Sinn, als stiege das Christkind aus diesem Sternenglanz in mein armes Herz hernieder. Bninski begleitete mich; wir sprachen kein Wort. Beim Abschied sagte er mit einem Ton, den ich bis dahin nicht an ihm gekannt hatte: ›Ich danke Ihnen, Tubal, für diesen Abend; es würde mich freuen, Ihre Freunde öfter zu sehen.‹

Da hast Du die jüngste Sitzung der Kastalia, noch dazu eine improvisierte.

Und nun lebe wohl. Renate sei mit Dir. Die Form dieses Glückwunsches wiegt hoffentlich tausend Grüße an meine schöne Cousine auf. Dein

Tubal

Und so kam Heiligabend heran

Die musikalische Soiree bei Gieshübler hatte Mitte Dezember stattgefunden, gleich danach begannen die Vorbereitungen für Weihnachten, und Effi, die sonst schwer über diese Tage hingekommen wäre, segnete es, daß sie selber einen Hausstand hatte, dessen Ansprüche befriedigt werden mußten. Es galt nachsinnen, fragen, anschaffen, und das alles ließ trübe Gedanken nicht aufkommen. Am Tage vor Heiligabend trafen Geschenke von den Eltern aus Hohen-Cremmen ein, und mit in die Kiste waren allerhand Kleinigkeiten aus dem Kantorhause gepackt: wunderschöne Reinetten von einem Baum, den Effi und Jahnke vor mehreren Jahren gemeinschaftlich okuliert hatten, und dazu braune Puls- und Kniewärmer von Bertha und Hertha. Hulda schrieb nur wenige Zeilen, weil sie, wie sie sich entschuldigte, für X. noch eine Reisedecke zu stricken habe. »Was einfach nicht wahr ist«, sagte Effi. »Ich wette, X. existiert gar nicht. Daß sie nicht davon lassen kann, sich mit Anbetern zu umgeben, die nicht da sind!«

Und so kam Heiligabend heran.

Innstetten selbst baute auf für seine junge Frau, der Baum brannte, und ein kleiner Engel schwebte oben in Lüften. Auch eine Krippe war da mit hübschen Transparenten und Inschriften, deren eine sich, in leiser Andeutung, auf ein dem Innstettenschen Hause für nächstes Jahr bevorstehendes Ereignis bezog. Effi las es und errötete. Dann ging sie auf Innstetten zu, um ihm zu danken, aber eh sie dies konnte, flog, nach altpommerschem Weihnachtsbrauch, ein Julklapp in den Hausflur: eine große Kiste, drin eine Welt von Dingen steckte. Zuletzt fand man die Hauptsache, ein zierliches, mit allerlei japanischen Bildchen überklebtes Morsellenkästchen, dessen eigentlichem Inhalt auch noch ein Zettelchen beigegeben war. Es hieß da:

> Drei Könige kamen zum Heiligenchrist,
> Mohrenkönig einer gewesen ist; –
> Ein Mohrenapothekerlein

Erscheinet heute mit Spezerein,
Doch statt Weihrauch und Myrrhen, die
nicht zur Stelle,
Bringt er Pistazien- und Mandel-Morselle.

Effi las es zwei-, dreimal und freute sich darüber. »Die Huldigungen eines guten Menschen haben doch etwas besonders Wohltuendes. Meinst du nicht auch, Geert?«

»Gewiß meine ich das. Es ist eigentlich das einzige, was einem Freude macht oder wenigstens Freude machen sollte. Denn jeder steckt noch so nebenher in allerhand dummem Zeuge drin. Ich auch. Aber freilich, man ist, wie man ist.«

Der erste Feiertag war Kirchtag, am zweiten war man bei Borckes draußen, alles zugegen, mit Ausnahme von Grasenabbs, die nicht kommen wollten, »weil Sidonie nicht da sei«, was man als Entschuldigung allseitig ziemlich sonderbar fand. Einige tuschelten sogar: »Umgekehrt; gerade deshalb hätten sie kommen sollen.« Am Silvester war Ressourcenball, auf dem Effi nicht fehlen durfte und auch nicht wollte, denn der Ball gab ihr Gelegenheit, endlich einmal die ganze Stadtflora beisammen zu sehen.

Johanna hatte mit den Vorbereitungen zum Ballstaate für ihre Gnäd'ge vollauf zu tun, Gieshübler, der, wie alles, so auch ein Treibhaus hatte, schickte Kamelien, und Innstetten, so knapp bemessen die Zeit für ihn war, fuhr am Nachmittage noch über Land nach Papenhagen, wo drei Scheunen abgebrannt waren.

Es war ganz still im Hause. Christel, beschäftigungslos, hatte sich schläfrig eine Fußbank an den Herd gerückt, und Effi zog sich in ihr Schlafzimmer zurück, wo sie sich, zwischen Spiegel und Sofa, an einen kleinen, eigens zu diesem Zweck zurechtgemachten Schreibtisch setzte, um von hier aus an die Mama zu schreiben, der sie für Weihnachtsbrief und Weihnachtsgeschenke bis dahin bloß in einer Karte gedankt, sonst aber seit Wochen keine Nachricht gegeben hatte.

»Kessin, 31. Dezember

Meine liebe Mama!

Das wird nun wohl ein langer Schreibebrief werden, denn ich habe – die Karte rechnet nicht – lange nichts von mir hören lassen. Als ich das letzte Mal schrieb, steckte ich noch in den Weihnachtsvorbereitungen, jetzt liegen die Weihnachtstage schon zurück. Innstetten und mein guter Freund Gieshübler hatten alles aufgeboten, mir den Heiligen Abend so angenehm wie möglich zu machen, aber ich fühlte mich doch ein wenig einsam und bangte mich nach Euch. Überhaupt, soviel Ursache ich habe, zu danken und froh und glücklich zu sein, ich kann ein Gefühl des Alleinseins nicht ganz loswerden, und wenn ich mich früher, vielleicht mehr als nötig, über Huldas ewige Gefühlsträne mokiert habe, so werde ich jetzt dafür bestraft und habe selber mit dieser Träne zu kämpfen. Denn Innstetten darf es nicht sehen. Ich bin aber sicher, daß das alles besser werden wird, wenn unser Hausstand sich mehr belebt, und das wird der Fall sein, meine liebe Mama. Was ich neulich andeutete, das ist nun Gewißheit, und Innstetten bezeugt mir täglich seine Freude darüber. Wie glücklich ich selber im Hinblick darauf bin, brauche ich nicht erst zu versichern, schon weil ich dann Leben und Zerstreuung um mich her haben werde oder, wie Geert sich ausdrückt, ›ein liebes Spielzeug‹. Mit diesem Worte wird er wohl recht haben, aber er sollte es lieber nicht gebrauchen, weil es mir immer einen kleinen

Stich gibt und mich daran erinnert, wie jung ich bin und daß ich noch halb in die Kinderstube gehöre. Diese Vorstellung verläßt mich nicht (Geert meint, es sei krankhaft) und bringt es zuwege, daß das, was mein höchstes Glück sein sollte, doch fast noch mehr eine beständige Verlegenheit für mich ist, ja, meine liebe Mama, als die guten Flemmingschen Damen sich neulich nach allem möglichen erkundigten, war mir zumut, als stünd ich schlecht vorbereitet in einem Examen, und ich glaube auch, daß ich recht dumm geantwortet habe. Verdrießlich war ich auch. Denn manches, was wie Teilnahme aussieht, ist doch bloß Neugier und wirkt um so zudringlicher, als ich ja noch lange, bis in den Sommer hinein, auf das frohe Ereignis zu warten habe. Ich denke, die ersten Julitage. Dann mußt Du kommen, oder, noch besser, sobald ich einigermaßen wieder bei Wege hin, komme *ich*, nehme hier Urlaub und mache mich auf nach Hohen-Cremmen. Ach, wie ich mich darauf freue und auf die havelländische Luft – hier ist es fast immer rauh und kalt –, und dann jeden Tag eine Fahrt ins Luch, alles rot und gelb, und ich sehe schon, wie das Kind die Hände danach streckt, denn es wird doch wohl fühlen, daß es eigentlich da zu Hause ist. Aber das schreibe ich nur *Dir*. Innstetten darf nicht davon wissen, und auch Dir gegenüber muß ich mich wie entschuldigen, daß ich mit dem Kinde nach Hohen-Cremmen will und mich heute schon anmelde, statt Dich, meine liebe Mama, dringend und herzlich nach Kessin hin einzuladen, das ja doch jeden Sommer fünfzehnhundert Badegäste hat und Schiffe mit allen möglichen Flaggen und sogar ein Dünenhotel. Aber daß ich sowenig Gastlichkeit zeige, das macht nicht, daß ich ungastlich wäre, so sehr bin ich nicht aus der Art geschlagen, das macht einfach unser landrätliches Haus, das, soviel Hübsches und Apartes es hat, doch eigentlich gar kein richtiges Haus ist, sondern nur eine Wohnung für zwei Menschen, und auch das kaum, denn wir haben nicht einmal ein Eßzimmer, was doch genannt ist, wenn ein paar Personen zu Besuch sich einstellen. Wir haben freilich noch Räumlichkeiten im ersten Stock, einen großen Saal und vier kleine Zimmer, aber sie haben alle etwas wenig Einladendes, und ich würde sie Rumpelkammern nennen, wenn sich etwas Gerümpel darin vorfände; sie sind aber ganz leer, ein paar Binsenstühle abgerechnet, und machen, das mindeste zu sagen, einen sehr sonderbaren Eindruck. Nun wirst Du wohl meinen, das alles sei ja leicht zu ändern. Aber es ist nicht zu ändern; denn das Haus, das wir bewohnen, ist ... ist ein Spukhaus; da ist es heraus. Ich beschwöre Dich übrigens, mir auf diese meine Mitteilung nicht zu antworten, denn ich zeige Innstetten immer Eure Briefe, und er wäre außer sich, wenn er erführe, daß ich Dir das geschrieben. Ich hätte es auch nicht getan, und zwar um so weniger, als ich seit vielen Wochen in Ruhe geblieben bin und aufgehört habe, mich zu ängstigen; aber Johanna sagt mir, es käme immer mal wieder, namentlich wenn wer Neues im Hause erschiene. Und ich kann Dich doch einer solchen Gefahr oder, wenn das zuviel gesagt ist, einer solchen eigentümlichen und unbequemen Störung nicht aussetzen! Mit der Sache selber will ich Dich heute nicht behelligen, jedenfalls nicht ausführlich. Es ist eine Geschichte von einem alten Kapitän, einem sogenannten Chinafahrer, und seiner Enkelin, die mit einem hiesigen jungen Kapitän eine kurze Zeit verlobt war und an ihrem Hochzeitstage plötzlich verschwand. Das möchte hingehn. Aber was wichtiger ist, ein junger

Chinese, den ihr Vater aus China mit zurückgebracht hatte und der erst der Diener und dann der Freund des Alten war, der starb kurze Zeit danach und ist an einer einsamen Stelle neben dem Kirchhof begraben worden. Ich bin neulich da vorübergefahren, wandte mich aber rasch ab und sah nach der andern Seite, weil ich glaube, ich hätte ihn sonst auf dem Grabe sitzen sehen. Denn ach, meine liebe Mama, ich habe ihn einmal wirklich gesehen, oder es ist mir wenigstens so vorgekommen, als ich fest schlief und Innstetten auf Besuch beim Fürsten war. Es war schrecklich; ich möchte so was nicht wieder erleben. Und in ein solches Haus, so hübsch es sonst ist (es ist sonderbarerweise gemütlich und unheimlich zugleich), kann ich Dich doch nicht gut einladen. Und Innstetten, trotzdem ich ihm schließlich in vielen Stücken zustimmte, hat sich dabei, soviel möcht ich sagen dürfen, auch nicht ganz richtig benommen. Er verlangte von mir, ich solle das alles als Alten-Weiber-Unsinn ansehen und darüber lachen, aber mit einemmal schien er doch auch wieder selber daran zu glauben und stellte mir zugleich die sonderbare Zumutung, einen solchen Hausspuk als etwas Vornehmes und

Altadliges anzusehen. Das kann ich aber nicht und will es auch nicht. Er ist in diesem Punkte, so gütig er sonst ist, nicht gütig und nachsichtig genug gegen mich. Denn daß es etwas damit ist, das weiß ich von Johanna und weiß es auch von unserer Frau Kruse. Das ist nämlich unsere Kutscherfrau, die mit einem schwarzen Huhn beständig in einer überheizten Stube sitzt. Dies allein schon ist ängstlich genug. Und nun weißt Du, warum *ich* kommen will, wenn es erst soweit ist. Ach, wäre es nur erst soweit. Es sind so viele Gründe, warum ich es wünsche. Heute abend haben wir Silvesterball, und Gieshübler – der einzig nette Mensch hier, trotzdem er eine hohe Schulter hat oder eigentlich schon etwas mehr –, Gieshübler hat mir Kamelien geschickt. Ich werde doch vielleicht tanzen. Unser Arzt sagt, es würde mir nichts schaden, im Gegenteil. Und Innstetten, was mich fast überraschte, hat auch eingewilligt. Und nun grüße und küsse Papa und all die andern Lieben. Glückauf zum neuen Jahr.

Deine Effi«

An Emilie

Zum 24. Dezember 1859

Gekommen ist der Heil'ge Christ,
Die ganze Stadt voll Lichter ist,
Auch unsre sollen brennen,
Die Sorgen weg und zünde an,
Ich will derweil, so gut ich kann,
Dir meine Wünsche nennen.

Empfang zuerst ein Strumpfenband,
Das ich für 30 Pfengk erstand
Bei Fonrobert im Laden,
Ich wünsche dir, geliebtes Weib,
Bald wieder einen dünnern Leib
Und etwas dickre Waden.

Empfang alsdann ein Konto-Buch,
Fürs Credit ist es groß genug,
Fürs Debet etwas kleine,

Indes es heißt ja: »rund die Welt«,
Der Beutel wird mal wieder Geld
Und hilft uns auf die Beine.

Und drum zuletzt den heißen Wunsch,
Daß unsres Schicksals dicker Flunsch
Bald hübschren Zügen weiche,
Und daß ein bißchen Sonnenschein
Zieh wieder endlich bei uns ein
Und unser Herz beschleiche.

Das Geschenk

»Schade, daß Sie nur einen Tag für Stechlin festgesetzt haben, sonst müßten Sie das Gut sehen. Alles ganz eigentümlich und besonders auch ein Grabstein, unter dem eine uralte Dame von beinah neunzig Jahren begraben liegt, eine geborne von Zeuner, die sich in früher Jugend schon mit einem Emigranten am Rheinsberger Hof, mit dem Grafen La Roche-Aymon, vermählt hatte. Merkwürdige Frau, von der ich Ihnen erzähle, wenn ich Sie mal wiedersehe. Nur eins müssen Sie heute schon mit anhören, denn ich glaube, Sie haben den Gustus dafür.«

»Für alles, was Sie erzählen.«

»Keine Schmeicheleien! Aber die Geschichte will ich Ihnen doch als Andenken mitgeben. Andre schenken sich Photographien, was ich, selbst wenn es hübsche Menschen sind (ein Fall, der übrigens selten zutrifft), immer greulich finde.«

»Schenke nie welche.«

»Was meine Gefühle für Sie steigert. Aber die Geschichte: Da war also drüben in Köpernitz diese La Roche-Aymon, und weil sie noch die Prinz-Heinrich-Tage gesehen und während derselben eine Rolle gespielt hatte, so zählte sie zu den besonderen Lieblingen Friedrich Wilhelms IV. Und als nun – sagen wir ums Jahr fünfzig – der Zufall es fügte, daß dem zur Jagd hier erschienenen König das Köpernitzer Frühstück, ganz besonders aber eine Blut- und Zungenwurst über die Maßen gut geschmeckt hatte, so wurde dies Veranlassung für die Gräfin, am nächsten Heiligabend eine ganze Kiste voll Würste nach Potsdam hin in die königliche Küche zu liefern. Und das ging so durch Jahre. Da beschloß zuletzt der gute König, sich für all die gute Gabe zu revanchieren, und als wieder Weihnachten war, traf in Köpernitz ein Postpaket ein, Inhalt: eine zierliche kleine Blutwurst. Und zwar war es ein wunderschöner, rundlicher Blutkarneol mit Goldspeilerchen an beiden Seiten und die Speilerchen selbst mit Diamanten besetzt. Und neben diesem Geschenk lag ein Zettelchen: ›Wurst wider Wurst.‹«

Des armen Mannes Weihnachtsbaum

London, 24. Dezember. Ich sah heute in den Straßen Londons einen prächtigen Ginsterbusch, nicht als kriegerisches Wahrzeichen wie vordem, sondern als friedlichen Weihnachtsbaum, als schlichteren Ersatz für die schlichte Tanne. Es war in Tottenham-Court-Road, und es begann schon zu dunkeln. Groß und klein eilte nach Haus, um zu rechter Stunde an rechter Stelle zu sein; alles war Leben, Bewegung, Freude. Unter denen, die ihrer Wohnung zuschritten, war auch ein Arbeiter, ein Mann in der Mitte der Dreißiger, blaß, rußig, ermüdet. Neben ihm ging sein ältestes Kind, ein Knabe von sechs bis sieben Jahren; er schleppte sich mühsam weiter. Das jüngste Kind war auf der linken Schulter des Vaters eingeschlafen, während er auf der rechten einen mächtigen Ginsterbusch als Weihnachtsbaum nach Hause trug. Der Ginsterbusch *blühte*. Man sieht viel

Elend in den Straßen Londons, aber selten eines, in dessen Öde sich zartere Züge mischen, und so blieb ich stehen und sah dem müd und matten Zuge nach. Es war ersichtlich, die Mutter war tot, und dem Vater war die Aufgabe zugefallen, den beiden Kindern ihr Christfest zu bereiten. So war er denn hinausgegangen nach Hampstead-Heath, um auf der weiten winterlichen Heide den Weihnachtsbaum zu finden, den er zu arm war, an der nächsten Straßenecke zu kaufen. Die Kinder hatten ihn begleiten müssen, weil niemand im Hause war, der sich ihrer angenommen hätte. Jetzt kamen sie von ihrem Gange zurück, der Älteste müde, der Jüngste eingeschlafen. Was mochte sie daheim empfangen? Welcher Weihnachtsfreude gingen sie entgegen? Ich malte mir das Zimmer des armen Mannes aus: Der Ginsterbusch stand auf dem Tisch, und ein ärmliches Feuer brannte im Kamin; nichts Festliches sonst umher als das Herz seiner Bewohner. Im Widerschein des Feuers aber sah ich die gelben Ginsterblumen wie Weihnachtslichter leuchten, und ihr Blühen war wie die Verheißung eines Frühlings nach Erdenleid und Winterzeit.

Dreilinden im Schnee

Um die Weihnachtszeit übersiedelte der Prinz nach Berlin und bezog seine Wohnung im königlichen Schloß; im »Jagdhause« draußen aber fielen inzwischen die Flocken auf Dach und Balkon, überdeckten heute den Vorplatz und morgen den Runenstein, und ehe noch vom nächsten Nachbardorfe die Glocke zur Christmette herüberklang, lag Dreilinden im Schnee.

Und in Schnee lagen dann auch die Dreilinden und seinen Vorplatz umstehenden Tannen und mühten sich umsonst einen Einblick in die sonst so lichten Räume zu tun und auszuforschen, ob das Christkind, das sie still durch den Wald ziehen sahen, eine Krippe drinnen und einen Stern darüber gefunden habe. Doch wie weit sie die Wipfel auch neigen und bis über den Balkon hin vorbeugen mochten, sie sahen nichts als Nacht und Dunkel drinnen und hörten nichts als das Kind beider: die Stille.

Wohl, kein Leben drin und kein Licht! Und doch zog das Christkind ein an dieser Stelle, nicht in das prinzliche Jagdhaus, aber in das Forsthaus nebenan, in das Forsthaus mit den »drei Linden« vor der Tür. Da zog es ein, da schwebte der Engel über dem Weihnachtsbaum, und helle Kinderaugen, trunken von Glück und Freude, blickten auf zu den goldenen Nüssen in seinem dichten Gezweig.

Ja, hier im Forsthaus überwinterte das Leben und mit ihm zugleich die gastliche Flamme, die dieser Stätte Kennzeichen war, bis, wenn der Schnee geschmolzen und der Saft wieder trieb, auch das aus seinem Winterschlaf erwachte prinzliche Jagdhaus seine Türen und Fenster aufs neue weithin öffnete! Dann kamen der Lenz und der Prinz (»Oculi, da kommen sie«) und ehe noch die Wochen und Tage bis Judica-Palmarum in der Zeiten Schoße dahin gerollt waren, rollten auch schon wieder die Wagen vor und ein Lichtschein ergoß sich aufs neue von Tür und Flur her über den Vorplatz. Im Flur selbst aber gab's wieder ein Flimmern von Uniformen und Livreen, von Buntglasfenstern und Spiegelscheiben, und ehe eine halbe Stunde vergangen war, überstrahlte wieder der Kronleuchter mit seinen sechsundsechzig Lichtern eine frohe Genossenschaft und das Geweih-Trinkhorn samt dem Elfenbeinhumpen ging wieder um, und beide wurden geleert auf den Prinzen und den Feldherrn und nicht zum letzten auf den Gastfreund von Dreilinden!

An Emilie

Zum 24. Dezember 1862

Es ändern im Leben sich die Dinge,
Lahm wird der Schwung, lahm wird die Schwinge,
Die Liebe, die sonst im Äther schwamm,
Sie steigt hinunter zu Seife und Kamm.

Der Kamm für zwölf einen halben Groschen
Ist aus einem Laden mit Gummi-Galoschen,
Die Seife (aus einem kleinen Basar)
Wohl nie bei »Treu und Nuglisch« war.

Sei's drum; wenn ich es recht begreife,
Ist gar nicht so übel der Kamm und die Seife,
Und war auch die Lieb einst noch so stramm,
Noch strammer ist Liebe mit Seife und Kamm.

Nur stramme Liebe, ums recht zu bedenken,
Kann's wagen, Kamm und Seife zu schenken,
Und glücklich die Ehe, wo Frau und Mann
Sich Kamm und Seife schenken kann.

Die Feuersbrunst

Hilde lebte sich ein, und es waren glückliche, helle Tage, so hell wie der Schnee, der draußen lag. Alle Morgen mußte Martin in die Schule, zweimal auch zu Sörgel, aber wenn er dann eine Stunde vor Essen wiederkam und seine Mappe mit der Schiefertafel in das Brotschapp gestellt hatte, so ging es mit der ihn schon erwartenden Hilde rasch in die Winterfreude hinaus, die jeden Tag eine andere wurde. Die größte aber war, als sie sich auf dem Hofe eine Schneehütte gebaut und die Höhle darin mit Stroh und Heu ausgepolstert hatten. Da saßen sie halbe Stunden lang, sprachen kein Wort und hielten sich nur bei den Händen. Und Martin sagte, sie seien verzaubert und säßen in ihrem Schloß und der Riese draußen ließe niemand ein. Dieser Riese aber war ein Schneemann, dem Joost eine Perücke von Hobelspänen aufgesetzt und anfänglich ein Schwert in die Hand gegeben hatte, bis einige Tage später aus dem Schwert ein Besen und mit Hülfe dieses Tausches aus dem Riesen selbst ein Knecht Ruprecht geworden war. Das war um die Mitte Dezember. Als aber bald danach die letzte Woche vor dem Fest anbrach, da fingen auch die Heimlichkeiten an, und Martin war stundenlang fort, ohne daß Hilde gewußt hätte, wo. Und wenn sie dann fragte, so hörte sie nur, er sei bei Sörgel oder bei Melcher Harms oder bei dem alten Drechsler Eickmeier, der in der Weihnachtszeit außer seinen Pfeifen und seinem Schwamm auch noch Bilderbogen verkaufte. Mehr aber konnte niemand sagen, und erst am Heiligabende selbst mußte der Geheimnisvolltuende von seinem Geheimnis lassen, um sich ebenso der Zustimmung des Vaters wie der Hülfe Grissels zu versichern. Und diese letztere half denn auch wirklich und freute sich, daß es etwas Schönes werden würde, worüber ihr keinen Augenblick ein Zweifel kam. Und als es nun dunkelte und drüben von der Kirche her die kleine Glocke zu läuten anfing, da war alles fertig, und der Heidereiter selbst führte Hilden in seine Stube, drin unter dem Christbaum neben anderen Geschenken auch die ganze Stadt Bethlehem mit all ihren Hirten und Engeln aufgebaut worden war. Alles leuchtete hell, weil hinter dem geölten Papier eine ganze Zahl kleiner Lichter brannte; am hellsten aber leuchtete der Stern, der über dem Kripplein und dem Jesuskinde stand. Hilde konnte sich nicht satt sehen daran, und als endlich der Lichterglanz in der Stadt Bethlehem erloschen war, trat sie vor den Heidereiter hin, um ihm für alles, was ihr der heilige Christ beschert hatte, zu danken.

»Und nun sage mir«, sagte dieser, »was hat dir am besten gefallen?«

Sie wies auf die Stadt.

»Dacht ich's doch!« lachte Baltzer Bocholt, »die Stadt! Aber die Stadt ist nicht von mir, Hilde, die hat dir der Martin aufgebaut und hat seine Sparbüchse geplündert. Und der alte Melcher Harms hat ihm geholfen, und alles, was in Holz geschnitzt ist und auf vier Beinen steht, das ist von ihm. Ja, das versteht er. Aber der Martin hat doch das Beste getan, und wenn du wem danken willst, so weißt du jetzt, wohin damit.«

Und dabei wies er auf Martin, der scheu neben dem Ofen stand.

Hilden selbst aber war alle Scheu geschwunden,

und sie lief auf Martin zu und gab ihm einen herzhaften Kuß, so herzhaft, daß der alte Heidereiter ins Lachen kam und immer wiederholte: »Das ist recht, Hilde, das ist recht. Ihr sollt euch liebhaben, so recht von Herzen und wie Bruder und Schwester. Ja, so will ich's, das hab ich gern.«

Und danach ging es zu Tisch, und alle ließen sich den Weihnachtskarpfen schmecken und waren guter Dinge, nur Hilde nicht, die noch immer in fieberhafter Erregung nach dem dunkelgewordenen Bethlehem hinübersah und endlich froh war, als sie gute Nacht sagen und in die Giebelstube hinaufsteigen konnte. Hier stellte sie, was ihr unten beschert worden war, auf das oberste Brett ihres Schrankes und sagte zu Grissel, während sie den Binsenstuhl an das Bett derselben heranrückte: »Nun erzähle.«

»Wovon, Kind?«

»Von der Jungfrau Maria.«

»Und von dem Jesuskindlein?«

»Ja. Von dem Kindlein auch. Aber am liebsten von der Jungfrau Maria. War es seine Mutter?«

»Ach, du Herr des Himmels!« entsetzte sich Grissel. »Hast du denn nie gelernt: ›Geboren von der

Jungfrau Maria‹? Kind, Kind! Ach, und deine Mutter, die Muthe, hat sie dir denn nie das zweite Stück vorgesagt? Wie? Sage!«

»Sie hat mir immer nur ein Lied vorgesagt.«

»Und wovon?«

»Von einem jungen Grafen.«

»Und nichts von Gott und Christus? Und weißt auch nicht, was Weihnachten ist? Und bist am Ende gar nicht getauft? Und da läßt der Pastor dich umherlaufen, sagt nichts und fragt nichts, und der Böse geht um, und ist keiner, der ihm widerstände, der nicht den Glauben hat an Jesum Christum, unseren Herrn und Heiland. Ach, du mein armes Heidenkind ...! Aber nimm dir ein Tuch um und wickele dich ein, denn es ist kalt, und dann höre zu, was ich dir sagen will.«

Und Grissel erzählte nun von Joseph und Maria und von Bethlehem, und wie das Christkind allda geboren sei.

»Von der Jungfrau Maria?«

»Ja, von *der*. Denn das Kind, das sie gebar, das war nicht des Josephs Kind, das war das Kind des Heiligen Geistes.«

Es war ersichtlich, daß Hilde nicht verstand und

verlegen war. Aber sie wollte nicht weiter fragen und sagte nur: »Und wie kam es dann?«

»Ei, dann kam es so, wie du's heute gesehen hast und wie Martin und Joost es dir aufgebaut haben. Und meinetwegen auch der alte Melcher. Erst kam der Stern und stand über dem Hause still, und dann erschienen die Hirten und zuletzt kamen die drei Könige von Morgenland und brachten Gold und Gaben und köstliche Gewänder, und alles war Licht und himmlische Musik, und der Himmel war offen, und die Engel Gottes stiegen auf und nieder. Und es war Freud im Himmel und auf Erden, denn unser Heiland war geboren. Und dieser Geburtstag unseres Heilandes ist unser Weihnachtstag.«

Hildes Augen waren immer größer geworden, und sie sagte jetzt: »Ah, das ist schön und wird einem so weit! Erzähle mir immer mehr. Ich seh es alles und höre die himmlische Musik, und dazwischen ist es wie Glockenläuten. Ernst und schwer. Und ist immer derselbe Ton ...«

Indem aber hatte sich Grissel aufgerichtet, hielt ihre Hand ans Ohr und sagte: »Hilde, Kind, was ist das ...? Immer ein Ton, freilich. Und immer derselbe ... Das ist die Feuerglocke ... Horch!«

Und sie war aus dem Bett gesprungen, warf ihren Friesrock über und sah hinaus. Aber im Dorfe war kein Feuerschein, und so lief sie nach der anderen Giebelstube hinüber, wo Martin schlief, und riß das Fenster auf. Und da sah sie die Glut, nicht unten im Tal, aber oben, und wenn nicht alles täuschte, so mußt es auf Kunerts-Kamp sein, hart am Walde, denn die Rückseite von Ellernklipp stand angeglüht im Widerschein. Und sie flog treppab, um den Heidereiter zu wecken. Aber der stand schon auf der Diele, den Hirschfänger an der Koppel, und rief ihr zu: »Meinen Hut; rasch! Verdammte Wirtschaft! Wer hat den Hut vom Ständer genommen?« – »Er hängt ja, weiß Gott, Baltzer, Ihr habt wieder Euren Koller und kein Aug im Kopf. Hier.« Und er riß ihr den Hut aus der Hand. In der Tür aber wandt er sich noch einmal zurück und sagte scharf und bestimmt: »Und daß du mir das Haus hütest, Grissel. Ich befehl es. Ein Feuer wie das ist kein Küchenfeuer. Und Hilde soll ins Bett. Und Martin auch.«

Damit war er die Treppenstufen hinunter und ging auf Diegels Mühle zu, von der er dann, als auf dem nächsten Wege, nach Ellernklipp hinauf wollte.

Mittlerweile war auch Hilde die Treppe herabgekommen und stellte sich mit auf die zugige Diele, denn Vor- und Hintertür standen weit offen. Und nicht lange, so rollte von Emmerode her über den hartgetretenen Schnee die Dorfspritze heran. Allerhand junges Volk hatte sich vorgespannt, andere schoben, und Grissel, die bis auf die Vortreppe hinausgetreten war, fragte: wo es sei.

»Auf Kunerts-Kamp, Der Muthe Rochussen ihr Haus brennt.«

Und damit ging es weiter. Aber ehe noch die Spritze zwischen den Erlen verschwunden war, erklärte Hilde, die jedes Wort gehört hatte, daß sie gehen und das Feuer sehen wolle.

»Du darfst nicht.«

Aber sie bat weiter, und als Grissel unerbittlich blieb, sagte sie: »Gut, so geh ich allein. Du wirst mich doch nicht halten wollen?« Und damit lief sie fort und kam erst zurück und beruhigte sich erst wieder, als ihr die bang und ängstlich nachstürzende Grissel ein Mal über das andere zugesichert hatte, sie nicht einsperren oder mit Gewalt festhalten, ihr vielmehr in allem zu Willen sein zu wollen. Und wirklich, sie hielt Wort; und als sie die vor Erregung immer noch zitternde Hilde wohl verwahrt und in ihre Weihnachtspelzkappe gesteckt hatte, gingen sie, rechts um das Haus biegend, einen mit lockerem Schnee gefüllten Graben hinauf, der unmittelbar neben dem Heckenzaun hin auf die Höhe zulief. Eine Zeitlang war es ihnen, als ob oben alles erloschen sei, denn sie sahen keinen Schein mehr. Aber kaum daß der anfänglich tiefe Graben etwas flacher geworden war, so lag auch das Feuer vor ihnen, wie mit Händen zu greifen, und die Glutmasse wirbelte immer heftiger in die Höhe. Hilde stand wie gebannt. Endlich aber sagte sie: »Komm, wir wollen näher.«

Und damit hielten sie sich auf einen hohen Grenzstein zu, der zwischen Kunerts-Kamp und den Sieben-Morgen lag und das verschneite Heidekraut weit überragte. Auf den stellten sie sich und sahen hinüber in die Flamme.

Die Spritze war schon da, trotzdem man sie stückweise hatte herauftragen müssen, aber Wasser fehlte. Denn der Ziehbrunnen, der zu dem Hause gehörte, lag schon im Bereiche des Feuers, und niemand konnte mehr heran. Es schien aber doch, als ob Wasser von irgendwoher erwartet werde, denn eine lange Kette hatte sich bis Ellernklipp hin aufgestellt, und nur der Heidereiter achtete weit mehr auf das, was an der entgegengesetzten Seite vorging, weil er vor allem seinen Wald zu retten wünschte. Der lag freilich noch gute hundert Schritte zurück, aber gerade da, wo die Muthe gewohnt hatte, schob er eine lange Spitze vor, deren vorderstes Gezweig bereits bis über die Gartenzäunung hing. Es war klar, daß der Wald in äußerster Gefahr schwebte, wenn es nicht gelang, einen breiten Zwischenraum zu schaffen, und Baltzer Bocholt, der wohl erkannte, daß er um des Ganzen willen einen Einsatz nicht scheuen dürfe, wies jetzt, als er seine Holzschläger und Schindelspeller um sich versammelt sah, auf die Stelle hin, wo seiner Meinung nach der Schnitt gemacht und die vorspringende Spitze von dem eigentlichen Gebreite des Waldes abgetrennt werden mußte. »Vorwärts!« Und nicht lange, so hörte man den Schlag der Axt und das Krachen und Stürzen der Bäume, die, wenn kaum erst halb angeschlagen, an langen Stricken niedergerissen wurden. Und eine kleine Weile noch, so gab es auch Wasser oder doch die Gelegenheit dazu, denn aus dem Tale herauf, von Diegels Mühle her, erschien eben jetzt eine Schlittenschleife, die mit Schaufeln und Spaten, mit Eimern und Kesseln und überhaupt mit allem bepackt worden war, dessen man unten in der Eile hatte habhaft werden können; und während einige der Leute sofort sich anschickten, mit Stangen und Feuerhaken ein paar brennende Balken aus der Feuermasse herauszureißen, schleppten andere die Kessel, große und kleine, vom Schlitten her in die Glut und schippten den umherliegenden Schnee hinein. Und wieder andere waren, die hockten um die Kessel her und trugen den Schnee, wenn er geschmolzen, in Butten und Eimern an die nebenstehende Spritze, deren erster Strahl eben jetzt in die Glutmasse niederfiel. Aber der Heidereiter, unschwer erkennend, daß an der Muthe Haus wenig gelegen und noch weniger zu retten war, schrie mit lauter Stimme dazwischen: »Unsinn! hierher!«, und gehorsam seinem Kommando, packten alle, die zur Hand waren, nach der Spritzendeichsel und jagten über die verschneiten Baumstubben fort, bis sie dicht an der Waldecke hielten, an eben jener bedrohtesten Stelle, wo der angeglühte Schnee bereits von den Zweigen zu tropfen anfing.

Und Hilde starrte wie benommen in das mit jedem Augenblicke sich neu gestaltende Bild, das, alles sonstigen Wechsels ungeachtet, in drei fest und unverändert bleibenden Farbenstufen vor ihr lag: am weitesten zurück die schwarze Schattenmasse des Waldes, *vor* dem Walde das Feuer und *vor* dem Feuer der Schnee.

Über dem Ganzen aber der Sternenhimmel.

Und sie sah hinauf, und die Engel stiegen auf und nieder. Und es war wieder ein Singen und Klingen, und die Wirklichkeit der Dinge schwand ihr hin in Bild und Traum.

Und so stand sie noch, als sie drüben ein Rufen und Schreien hörte, vor dem ihr Traum zerrann, und als sie wieder hinblickte, sah sie, daß das brennende Haus in ein Wanken und Schwanken kam und im nächsten Augenblicke jäh zusammenstürzte.

Die Funken flogen himmelan und verloren sich in den Sternen.

Eine Minute lang folgte sie noch wie geblendet dem Schauspiel, während sie zugleich das in die Höhe gerichtete Auge mit ihrer Hand zu schützen suchte. Dann aber ließ sie die Hand wieder fallen und sagte: »Komm, Grissel, mich friert. Und es ist nun alles vorbei.«

An Mathilde von Rohr

Berlin 3. Januar 83. Potsd. Str. 134.c.

Mein gnädigstes Fräulein.

Die Festtage liegen zurück, das Rehziemer ist verzehrt und die Marzipankiste für die Zeiten eines beßren Magens bei Seite gestellt, – da geziemt sich's nun Briefe zu schreiben und Dank auszusprechen, zuvörderst an Sie, mein hochverehrtes gnädigstes Fräulein, denn ich bin mit allem Möglichen tief in Ihrer Schuld.

Ein längerer Brief von Ihnen, den ich schon etwa Mitte Dezember erhielt, hat mich sehr beglückt. Sie sprachen sich darin über meinen Schach aus und in einer Weise, die weit über meine Erwartungen hinausging. Alles Lob thut wohl; an *Ihrer* Zustimmung aber mußte mir in diesem Falle ganz besonders gelegen sein, schuld' ich Ihnen doch den ganzen Stoff; ohne Ihre Erzählung existirte auch die meinige nicht.

Mit dem Beifall, den Schach im Publikum und in der Presse gefunden hat, kann ich zufrieden sein, *eine* der Kritiken (im ›Magazin f. d. Literatur des In- und Auslandes‹) geb' ich gleichzeitig mit diesen Zeilen zur Post. Fast noch wichtiger ist mir *das*, daß mir Landgerichts-Direktor Lessing, der reiche Besitzer der Voss. Ztng., einen liebenswürdigen Brief geschrieben, mir seinen Dank ausgesprochen und für nächsten Sommer, 83, etwas ähnlich Novellistisches von mir eingefordert hat, aber über dies schließlich doch immer nur bescheidene Maaß von Glück und Anerkennung werd' ich schwerlich hinauskommen. Ein *wirklicher* Erfolg war mir nie beschieden und wird mir auch nicht mehr beschieden werden. Ich muß mich einrichten mit Lebenslotterie-Gewinnen von 50 Thalern. Je länger ich das Leben beobachte, je deutlicher seh' ich, daß dem Einzelnen mit einer eisernen Consequenz des Schicksals das Eine gegeben, das Andre versagt wird; der eine spekulirt immer glücklich, der andre immer unglücklich; der eine liebt immer glücklich, der andre immer unglücklich; der eine reist dreimal um die Welt ohne Unfall, der andre trifft es bei jeder Ausfahrt so, daß ein Rad bricht oder ein Pferd durchgeht oder doch wenigstens daß es mit Mollen gießt. Und nach diesem Unwandelbarkeits-Gesetz ist auch über mein Bücher-

Glück und Unglück ein für allemal entschieden: ich werde immer einen mäßigen Anstands-Erfolg erzielen; aber nie mehr. Auch bei Schach wird sich dies wieder zeigen; die 2. Auflage war schnell da, aber darüber hinaus wird es wohl nicht kommen. Der Buchhändler und das Publikum wenden sich schnell andern Göttern zu. Alles lebt nur auf 8 Tage.

Die Festtage, trotzdem uns nichts eigentlich quälte und drückte, waren nicht recht froh. Meine Frau schob es darauf, daß ich *alle die Festtage durch* bis zum 31., wo ich dann um 7 Uhr ins Theater (Sylvester-Vorstellung) stürzte, angestrengt arbeiten mußte; aber das ist Täuschung. Der eigentliche Grund, der keine rechte Lustigkeit aufkommen läßt, ist der, daß in unsren sämmtlichen Herzen keine Lustigkeit existirt; alles; ist unter dem Druck von irgend etwas Lästigem, Unangenehmen; die Kinder – mit alleiniger Ausnahme von Friedel, der einen gütigen, theilnahmevollen, liebenswürdigen Charakter hat – sind, im letzten Winkel ihres Herzens, alle über ›die kleinen Lebensverhältnisse‹ verstimmt; alle drei sagen sich beständig ›Gott, es ist doch aber auch ein Pech, daß *wir* gerade so arme Eltern haben müssen‹; sie übersehen das tausendfältig Gute, das sie haben, und kommen zu keiner ächten und tiefen Anerkennung meiner Bestrebungen, weil ihnen die relative Resultatlosigkeit dieser Bestrebungen unbequem ist. Meine Frau ist darin viel verständiger und viel liebenswürdiger geartet (überhaupt die Beste von der ganzen Gesellschaft, mich mit eingerechnet) und leidet nur ihrerseits wiederum unter ihrer großen körperlichen Gebrechlichkeit. Ich, trotz aller Arbeit (oder vielleicht *durch* die Arbeit) bin der einzig oft wirklich Heitre, und würde dieser Heiterkeit auch Ausdruck geben, wenn mich nicht die tiefinnerlichste N*icht*-Heiterkeit der Kinder um diese meine Heiterkeit brächte. Das Maaß von Verkehrtheit und Undankbarkeit, das darin liegt, aergert mich. Keins der Kinder hat je scharf zugefaßt und gesagt: ›*so* soll es sein; *das* übernehm' ich, *das* ist nun *meine* Sache‹ – alle leben ganz ausschließlich nach ihrem Penchant. Dieser Penchant ist nicht schlecht, sie verlangen keine Dummheiten, sie sind nicht faul – aber jeder folgt nur seiner Laune, seiner Natur, keiner hat eine höhere Vorstellung von P*flicht*. Sie thuen dies und das, auch Gutes und Verständiges, aber so wie es anfängt, ihnen im Kleinsten unbequem zu werden, ist es damit vorbei. Vielleicht war ich ebenso, vielleicht sind die meisten Menschen so; aber jedenfalls giebt es auch andre, die voll *Kraft und Muth* nicht blos der eignen Neigung, sondern auch einer wirklich schönen, über das *Ich* hinausgehenden Aufgabe leben. Die Beobachtung dieser Dinge rund um mich her, ist mir mitunter schmerzlich, und kann einem das ganze Menschenthum, man selbst mit eingerechnet, verleiden.

Die Arbeit, die mich während der Feiertage und auch schon die Wochen vorher beschäftigte, hieß ›Dreilinden‹, das vielgenannte Wald- und Jagdhaus des Prinzen Friedrich Karl. Ich bin neugierig wie der Prinz die Arbeit aufnehmen wird; er reiste gerade ab, als das 1. Kapitel erschien.

In den nächsten Tagen fang' ich nun an meine Novelle ›Graf Petöfy‹ (für ›Ueber Land und Meer‹ bestimmt) zu corrigiren; es wird wohl – selbst wenn ich leidlich gesund bleibe – bis in den Mai hinein dauern. Ende Mai geh ich dann wieder in den Harz, wohin ich mich immer wieder sehne.

Meine Frau und Martha empfehlen sich Ihnen angelegentlichst. In Dankbarkeit und herzlicher Ergebenheit, mein gnädigstes Fräulein, ihr Th. Fontane.

Malchow
Eine Weihnachtswanderung

Staub wird zu Staub
Und Ruhm und Name der Zeiten Raub.

Der Deutsche lügt, wenn er höflich ist.

Der Herbst färbte schon die Blätter, und die Störche mochten sich eben auf die Lehmhütten der Fellahs niedergelassen haben, als mir ein gelbes Buch zu Händen kam, das auf seinem Umschlag, außer dem zum Licht emporstrebendenn Adler der Firma Duncker und Humblot, auch noch den Titel führte: »Paul von Fuchs, ein brandenburgisch-preußischer Staatsmann vor zweihundert Jahren. Biographischer Essay von F. von Salpius«. Und am Schlusse dieses Buches hieß es, nicht dem Wortlaute, wohl aber dem wesentlichen Inhalte nach, wie folgt:

»Am 7. August 1704 verschied Paul von Fuchs, Geheimrat und Etatsminister, auf seinem Gute Malchow bei Berlin, das er schon 1684 durch Tausch an sich gebracht und allwo er ein ›artiges Haus‹ für sich und seine Familie hergerichtet hatte. Der König pflegte ihn von dem nahe gelegenen Niederschönhausen aus häufiger auf diesem seinem Landsitze zu besuchen. Auch an jenem 7. August war ein solcher Besuch beabsichtigt, aber unterwegs schon erfuhren Ihre Majestät den Tod Ihres treuen Dieners. Paul von Fuchs war in seinem vierundsechzigsten Jahre verstorben. Johann Porst, dazumalen Pfarrer zu Malchow – später Dompropst und Beichtvater der Königin, bekannt als Herausgeber des Porstschen Gesangbuches –, hielt eine Predigt zum Gedächtnis des Heimgegangenen, darinnen es hieß, daß er ›seine dauerhaften Kräfte und beständige Gesundheit zum Heil des Landes und Wohlsein der Kirche aufgeopfert habe‹. Bald darauf wurde der Sarg in der Gruft zu Malchow beigesetzt und steht ebendaselbst zwischen den Särgen seiner vor ihm gestorbenen Schwiegertochter und seiner zweiten Frau, ›née de Friedeborn‹. Das Fuchssche Wappen aber befand sich noch bis 1874 am herrschaftlichen Stuhl der Kirche.«

Wer sich auf Urnen und Totenköpfe versteht und überhaupt nur ein Äderchen von einem Sammler oder Altertümler in sich hat, begreift, daß diese Notiz eine gewisse Malchow-Sehnsucht in mir wecken und eine »Wanderung« dahin zu einer bloßen Frage der Zeit machen mußte. Mit dem ersten Maienschein, an grünen Saaten vorbei, hofft ich den Ausflug unternehmen und nach »manch verborgenem Schatz« ausschauen zu können. Aber es war anders beschlossen, und aus einer Wanderung bei Finkenschlag und Apfelblüte wurd eine Wanderung bei Nordwest und Schneegestöber: eine *Weihnachtswanderung*.

Eine Wanderung nach Malchow, so kurz sie ist, gliedert sich nichtsdestoweniger in drei streng geschiedene Teile: *Omnibusfahrt* bis auf den Alexanderplatz, *Pferdebahn* bis Weißensee, und *per pedes apostolorum* bis nach Malchow selbst. Und so vollzog es sich auch. Auf dem Alexanderplatz regierten bereits die fliegenden Söhlkes mit dem »Schäfchen« und dem »Schaukelmann«, dessen Birnen sich noch gerade so gelb und rot gesprenkelt zeigten wie vor funfzig Jahren, in den Tagen meiner eigenen Kindheit; in dem Pferdebahnwagen aber, in den ich einstieg, war es, als wäre der Weihnachtsmann mit oder vor mir eingestiegen und gedenke seinen Einzug in Weißensee zu halten. Alle Plätze voller Kinder mit ihren Schulmappen auf dem Rücken, und hinten und vorn im Wagen und vor allem obenauf ganze Büsche von Weihnachtsbäumen. Das war das Vergnügen an der Fahrt, viel vergnüglicher als die Vergnügungslokale, die mit ihren grasgrünen Staketenzäunen halbverschneit am Wege lagen.

Endlich hielten wir am Ende des Dorfes, und der Umspannungsmoment war nun für mich da: Schusters Rappen mußt aus dem Stall. Er war's auch zufrieden, und willig und guter Dinge zog ich »fürbaß«, unangefochten von der Öde der Landschaft. Aus den Schneemassen, die die Felder zu beiden Seiten deckten, wuchsen nur ein paar vertrocknete Grashalme auf und zitterten im Winde, während die Chausseepappeln wie nach oben gekehrte Riesenbesen dastanden. Aber so trist und öde die Landschaft war, so voller Leben war die große Straße, darauf ich ging, denn in langer Reihe folgten sich die Gespanne, die von den benachbarten Seen her hoch aufgetürmte Eismassen zur Stadt fuhren.

»Nach Malchow?« fragt ich, um mich des Weges zu vergewissern.

»Joa; 't nächste Dörp.«

Und in der Tat, nicht lange, so wurd auch der kurze Laternenturm zwischen den Pappelweiden sichtbar, und unter einem Schlagbaume fort, der hier noch aus den Tagen der Hebestellen her sein Dasein fristete, hielt ich meinen Einzug.

»Wo wohnt der Lehrer?«

Ein junges Frauenzimmer, an das ich die Frage gerichtet hatte, trat mit einer für märkische Verhältnisse bemerkenswerten Raschheit von der Hausschwelle her auf den Damm und sagte: »Da; das rote Haus.«

»Gegenüber der Kirche?«

»Ja.«

Und damit schloß unser Gespräch. Ich dankte für gütigen Bescheid und schritt auf das rote Haus zu, freudig gehoben in meinem Gemüt und wie Ibykus »des Gottes voll«. Nicht gerade von Liedern, aber doch von Hoffnungen und Bildern. Ich sah schon die verfallene Grufttreppe samt den drei Särgen vor mir und las dem alten Minister seine mit ins Grab genommenen Geheimnisse von der Stirn herunter. Entdeckungen schossen auf wie die Knospen nach einem Frühlingsregen.

Und so stand ich vor maison rouge.

»Kann ich den Herrn *Kantor* sprechen?«

Ich griff absichtlich nach dieser höheren Titulatur.

Ein Hin- und Herlaufen entstand infolge meiner

Frage, zuletzt aber erschien ein kleiner Herr mit intelligenten Augen und milzfarbenem Teint, um nach meinem Begehr zu fragen.

»Es handelt sich für mich«, hob ich, den Hut ziehend, mit aller mir zuständigen Artigkeit an, »um den Staatsminister von Fuchs. In der Gruft Ihrer Kirche ...«

»Ist zugeschüttet.«

Ich war einen Augenblick decontenanciert, mehr noch durch den Ton als durch den Inhalt dieser zwei Donnerworte. Wer aber weiß, daß das Menschenherz nicht gerne von Lieblingsvorstellungen läßt und nach dem Hinschwinden von Dingen und Ereignissen sich schließlich auch mit Betrachtung ihres bloßen *Schauplatzes* zufriedengibt, der wird es begreiflich finden, daß ich nicht ohne weiteres das Feld zu räumen Lust hatte. Konnt ich nicht die Gruft haben, so wollt ich wenigstens die Gruft*stelle* haben, und so rekolligiert ich mich und sagte:

»Wie schade. Dann bitt ich Sie, mir wenigstens die Kirche zeigen zu wollen.«

»Ich kann nur wiederholen«, klang es jetzt unter immer sichtbarer werdenden Zeichen von Ungeduld, »daß die Gruft zugeschüttet ist. In der Kirche selbst befindet sich nichts. Ein Besuch würde mithin ohne Resultat für Sie verlaufen. Auch hab ich Schule.«

»Sie mißverstehen mich. Es liegt mir fern, Sie persönlich inkommodieren zu wollen. Aber ich komme bei Wind und Wetter von Berlin und bitte Sie deshalb, mir durch irgend jemand die Kirchentür aufschließen zu lassen.«

»Durch wen?«

»Vielleicht durch ein Kind oder eine Magd.«

»Hab ich nicht.«

Und nach dieser Schlußbemerkung zog er sich intelligenter und milzfarbener als vorher in seine Schulstube zurück.

Mein *erstes* war ein heißes Dankgefühl dafür, zu keiner Zeit, am wenigsten aber in der jetzigen, auf der Malchower Schulbank gesessen zu haben; mein zweites: Haß und Rache. Die ganze Reihe der Schulmeister durchgehend, deren Bekanntschaft ich in Leben oder Dichtung je gemacht hatte, konnt ich doch keinen finden, der mir – mit alleiniger Ausnahme des maître d'école in den »Geheimnissen von Paris« – gleich verabscheuungswürdig erschienen wäre. Ja, meine Neigung, zu generalisieren und vom Einzelfall aufs Ganze zu gehen, ließ mich augenblicks wieder die Frage stellen, ob ein solches, aus bloßem verschrobenen Dünkel hervorgegangenes Benehmen unter andern Völkern überhaupt möglich sei. »Nein«, sagt ich mir, »unter den Romanen gewiß nicht.« Aber inmitten all meiner Verwünschungen mußt ich doch plötzlich der Auslassungen eines alle Wechselfälle des Lebens unter die statistisch-philosophische Loupe nehmenden Freundes gedenken, der mir einmal gesagt hatte: »Sehen Sie, Freund, auch in den Zufällen und Unglücksfällen waltet ein Gesetz. So verfolg ich beispielsweise die Theaterbrände. Alle funfzehn Jahre brennt ein großes Theater ab. Nicht öfter, aber auch nicht weniger oft.« Und nun entsann ich mich des wenigstens für mich kaum minder interessanten und kaum minder wichtigen Punktes, gerade funfzehn Jahre lang immer nur an *freundliche* Schulhäuser angeklopft zu haben. Was war es denn also groß? Der Ausnahmefall war in sein geheimnisvolles Recht getreten; das Gesetz vollzog sich. Die funfzehn Jahre waren um, und mein »Theaterbrand« war da. Das gab mir die gute Laune wieder, und ich beschloß, »in Sachen der Gruft« einfach an die höhere Instanz des Pfarrhauses zu appellieren.

Wenige Schritte führten mich auf den Hof desselben. Ein kleiner braunhaariger, übrigens ebenfalls intelligent aussehender Spitz, der um meine Stiefelschäfte herumbiß, ließ mich anfänglich in erzitterndem Herzen eine Wiederholung der Schulhausszene fürchten, aber kaum daß ich an dem kleinen, seiner dienstlichen Pflicht etwas zu streng obliegenden Wachtposten vorüber war, als mich auch schon das selten täuschende Gefühl durchdrang, in einen guten und sichern Hafen eingelaufen zu sein. Der Pfarrflur, des nahen Festes halber, war in eine große Plättkammer umgewandelt worden, in der eben die Bügeleisen über breite Gardinenflächen geschäftig hin und her gingen und den Raum mit einem warmen Wrasen füllten. Alles wirtschaftlich und wohltuend, vor allem auch die Temperatur. Ich fragte nach dem Pfarrer und schickte meine Karte hinein. Sehr bald kam Antwort, daß er beim Konfirmandenunterricht sei, mich aber bitten lasse, derweilen in sein Zimmer einzutreten. Und hier war ich denn nun und wartete.

Unter Umständen nichts angenehmer als solche

Warteviertelstundcn, in denen man die Geschichte des Hauses oder den Charakter seiner Bewohner von den Wänden liest. Denn nichts spricht deutlicher als Zimmereinrichtungen, und selbst die nichtssagenden und modisch-indifferenten machen keine Ausnahme. Sie weisen dann eben auf nichtssagende und modisch-indifferente Leute hin. In der Studierstube zu Malchow aber war nichts indifferent, und die Grecborte der Gardinen, der gotisch geschnitzte Schlüsselkasten mit Bild und Spruch, dazu der über dem Sofa thronende Thorwaldsensche Christus inmitten der abgestuften Schar seiner Jünger, alles stimmte zu den hohen Bücherrealen, auf denen die theologischen und die Fritz Reuterschen Schriften in aller Friedlichkeit beisammenstanden. Und dazu die »Kreuz-Zeitung« auf dem Tisch, und ein Luftton, in welchem die Morgenzigarre nachdämmerte. Das märkische Pfarrhaus in seiner anspruchslosen und doch zugleich von Kunst und Schönheit leise berührten Behaglichkeit hatte nie lebendiger zu mir gesprochen.

Und so sollt ich's bestätigt finden. Eine halbe Stunde später, und der freundliche Pfarrer und seine noch freundlichere Frau saßen mit mir um den Kaffeetisch, und wieder noch ein Weilchen, und jener bekannte Begegnungspunkt war gefunden, wo plötzlich von sieben Seiten her alle Wege zusammenlaufen und man nur noch verwundert ist, sich nicht vorher schon getroffen und die Hände geschüttelt zu haben. Und dazu die tiefere Lebensbetrachtung: »Wie klein ist doch die Welt.«

Ich glaube fast, ich war es selbst, der sich bis zu diesem Satze verstieg, und wer weiß, welche weiteren Stufen der Erkenntnis und Weisheit ich noch erklommen hätte, wenn nicht der Pfarrer eben jetzt auf die hinter den kahlen Kirschbäumen niedergehende Sonne gedeutet und mich dadurch an den Kirchgang und die von Fuchssche Familiengruft erinnert hätte. So verabschiedeten wir uns denn bei der Frau Pfarrin und schlugen einen Richtweg ein, der uns erst über Gartenbeete, dann über verschneite Gräber fort bis an einen Seiteneingang der Kirche führte. Und nun öffnete sich die Tür, und der Zugwind trieb über unsre Köpfe weg einen breiten Schneestreifen in die Kirche hinein. Ein fahles Rot stand noch in den Scheiben, gerade hell genug, um uns alles rundum erkennen zu lassen. Die Wände zeigten sich frisch getüncht, Orgel und Altar blank und die Pfeiler mit vielen Bibelsprüchen bedeckt, aber das erste Gefühl, das ich angesichts dieser Herrlichkeit hatte, war doch das einer gewissen Beschämung und einer halben Aussöhnung mit dem maître d'école drüben. »Ihr Besuch würde resultatlos verlaufen«, waren seine gebildeten Worte gewesen, und er schien recht behalten zu sollen.

Es mochte sich etwas von Enttäuschung in meinem Gesichte spiegeln, weshalb der Prediger, als wir den Mittelgang halb hinauf waren, in freundlichstem Tone zu mir sagte: »Hier war die Gruft.«

Ich meinerseits hielt es für angezeigt, dieser Freundlichkeit durch eine gleiche zu begegnen, und erwiderte: »Ja, hier muß es gewesen sein. Man kann noch deutlich die neuen Fliesen von den alten unterscheiden.« Eigentlich aber war es nicht der Fall.

»Und«, fuhr der Prediger fort, »hier war auch das Fuchssche Wappen.« Und dabei wies er mit dem Zeigefinger auf einen Punkt in der Luft, etwa vier Fuß hoch über der Brüstung eines niedrigen Chorstuhls. Es hatte durchaus etwas Gespenstisch-Visionäres, wie wenn Macbeth den Dolch sieht, und das bestimmt ausgesprochene »hier« ließ mich auf eine Sekunde ganz ernsthaft nach der Erscheinung suchen. Aber es blieb alles unsichtbar, und ich fröstelte nur noch die Frage heraus: »Dies ist also alles?«

»Ich fürchte, ja. Wenn Sie sich nicht vielleicht für einen Spruch interessieren, den des alten Johann Porsts Nachfolger an die Sakristeitür geschrieben hat.«

»Oh, ich interessiere mich *sehr* für Sprüche ...« Und so las ich denn:

Prinz Markgraf Ludewig
Stift' hier zu Gottes Ehren
Kirch'fenster, Sakristei
Nebst zweien neuen Chören.
Gott sei sein Schild, sein Lohn,
Sein Schutz, sein Eigentum,
Er laß es feste stehn
Zu seinem ew'gen Ruhm.

Das Feuer, das aus diesem Spruch auflohte, schien mir unausreichend, die Kirchentemperatur zu verbessern, und so schlug ich einen raschen Rückzug an die Herdplätze menschlicher Wohnungen vor. Der Pfarrer schien von demselben Verlangen erfüllt, und ehe fünf Minuten um waren, waren wir wieder daheim und stampften auf der Strohmatte seines Flurs den Schnee von unseren Füßen.

Drinnen brannte jetzt Licht, aus der Nebenstube klangen Kinderstimmen, und vom Flur her hörten wir das Klappern der Plätteisen, wenn neue Bolzen eingeschüttet wurden. An Wand und Decke hin aber huschten die Schatten der draußen an unserem Fenster Vorbeipassierenden. Der Thorwaldsensche Christus über dem Sofa schien in dem Widerspiel von Licht und Schatten zu wachsen, und während die Gestalten seiner Jünger mehr und mehr zurücktraten, war es, als stünd er freundlich segnend *uns* zu Häupten, der gute Hirt einer allerkleinsten Gemeinde. Die »Kreuz-Zeitung« war inzwischen sorgfältig zusammengefaltet worden, und statt ihrer lag das Malchower Kirchenbuch auf dem Tisch. Es waren Blätter von 1698 bis 1704, die wir nun überflogen, um vielleicht an der Hand des alten Porst, damaligen Predigers zu Malchow, einen Blick in die von Fuchssche Herrschaft jener Epoche tun zu können. Aus allem ging hervor, daß es der alte Gesangbuchmann mit Predigt und Seelsorge sehr ernst genommen haben mußte, was aber die Fuchsiana betraf, so schien uns leider auch *diese* Quelle versagen zu wollen. Ich beschloß deshalb, auch vor dem letzten nicht zurückzuschrecken und die Taufregister auf Namen und Titel hin gewissenhaft durchzulesen. Und siehe da, der Moses-Stab, der den Quell aus dem Stein weckt, war auf der Stelle gefunden. Es tröpfelte zwar nur, aber die Kühle frischen Wassers labte doch meine Zunge. Sieben Jahre lang hatte Johannes Porst an ebendieser Stelle fungiert und in jedem dieser sieben Jahre siebenmal getauft; – auch darin also vollzog sich ein Gesetz. Und als ich nun mit allen neunundvierzig Taufen glücklich durch war, kannt ich Malchow in seinem damaligen Besitz- und Personalbestande so genau, wie wenn ich ein Katasterbeamter unter König Friedrich I, oder wohl gar der Dorfschulmeister von Anno 1704 gewesen wäre. Denn die Malchower, kluge Leute schon damals, hatten sich in den seltensten Fällen bei der Auswahl ihrer Paten auf sich und ihresgleichen beschränkt, sondern waren immer bestrebt gewesen, in den christlichen Schutz des Herrenhauses, am liebsten und häufigsten in den des Beamten- und Dienstpersonals zu treten. Aus der Reihe der betreffenden Personen aber mögen hier, unter Anlehnung an die Taufregister, folgende Namen und Titulaturen stehn: Herr Schlichting, »Lustgärtner«; Monsieur Ernst, Lakai bei des Freiherrn von Fuchs Exzellenz; Monsieur Abraham Luckold, Koch bei Seiner Exzellenz; Monsieur Peter Schultze, Kammerdiener bei Seiner Exzellenz; Mademoiselle Johanna Zollikoferin, Kammermädchen bei Madame la Baronne de Fuchs; Jungfer Anna Dorothea Philitzin, Mädchen bei der Freifrau von Fuchs; Jungfer Anna Maria Löschin, Mädchen bei der Frau Baronin. Alle diese Personen finden sich wiederholentlich. Der eigentlich große Taufakt jener Epoche scheint aber der im Hause des Dorfkrügers gewesen zu sein. Hier begegnen wir allen möglichen »*großen* Namen« aus der Zeit von 1698 bis 1704. Und zwar: Paul Freiherr von Fuchs, Geheimer Etats- und Kriegsrat, Baron von Hertefeld, Oberforstmeister in Kleve; Johann Paul Freiherr von Fuchs, Hof- und ravensbergischer Appellationsgerichtsrat, Madame Luise de Fuchs, née de Friedeborn; Madame la Baronne de Hertefeld, née de Boetzlaer; Madame de Fuchs, née Boetzlaer. Nehmen wir noch die sich an andrer Stelle findenden Namen der Frau von Barfus aus dem benachbarten Blankenburg, der Frau

Apotheker Zornin aus Berlin und des Christoph Hammer, Leibkutschers bei Seiner Durchlaucht dem Markgrafen Albrecht von Brandenburg, hinzu, so wird es uns unschwer gelingen, ein Bild des Malchower Lebens aus seinen historischen sieben Jahren aufzubauen. Es waren eben Umgangs- und Gesellschaftsformen, auf die genau die Schilderung paßt, die F. von Salpius in seiner eingangs erwähnten Paul von Fuchsschen Monographie von dem Leben der damaligen regierenden Klassen entworfen hat.

»Man kann«, so schreibt er, »von den brandenburgischen Landen jener Epoche behaupten, daß die Regierenden zu den Besitzenden gehörten und daß die Besitzenden wiederum in der Regierung saßen. Die Mitglieder des Geheimen Rates scheinen durchgängig im Wohlstande gewesen zu sein. Der Wege zu solchem gab es, abgesehen von Geburt und Heirat, verschiedene – Ausstattung mit heimgefallenen Lehngütern seitens des Kurfürsten, sogenannte Dotationen; in andern Fällen bedeutender Kriegsgewinn (wie denn beispielsweise dem General von Schöning eine auf 40000 Taler *Lösegeld* zu veranschlagende Anzahl gefangener Juden zufiel) und endlich Vereinigung mehrerer Ämter in einer Person. So bezog Fuchs, als Oberpostdirektor, eine jährliche Zulage zu seinem anderweitigen Gehalt und außerdem den zwanzigsten Teil aller in Berlin aufkommenden Postgelder. Aus ebendiesen Erträgen war es, daß er in den Besitz von Malchow gelangte.«

So F. von Salpius. Und noch eingehender dann an anderer Stelle: »Der höhere Staatsdienst, und zwar aus den vorangeführten Gründen, war ein mehr lohnender Beruf als *jetzt*, und die Geheimräte vergaßen über den staatlichen Interessen nicht die ihrigen. Dazu gewährte der Fürsten- und Staatsdienst ein größeres Ansehen als heutzutage, wo der Ehrgeiz auch anderweitig sein Feld der Betätigung findet. Aber mit der Wahrnehmung des eigenen Vorteils ging doch immer zugleich auch die strengste Pflichterfüllung Hand in Hand. Sie lebten, wie der Große Kurfürst selbst, der Überzeugung, daß sie vor allem zur Erhaltung der Machtstellung des Staates das Ihrige beizutragen hätten. Neben diesem Zuge springt vor allem ihre Vielseitigkeit und Findigkeit ins Auge. Dieselbe beruhte zum Teil auf der verhältnismäßigen Einfachheit der damaligen Zustände, nicht minder aber auf ihrer persönlichen Vorbildung, Spannkraft und Beweglichkeit. Die Mitglieder des Geheimen Rats hatten schon als Jünglinge auf Reisen mannigfache Kenntnisse gesammelt; im Staatsdienste tummelten sie sich bald hier, bald dort, arbeiteten sich bald in dieses, bald in jenes Fach ein. Das bewahrte sie vor jeder geistigen Verkümmerung, sie blieben stets frisch und *erfreuten sich fast immer eines guten* Humors. Hierfür sprechen ihre lebensvollen, mit anschaulichen Bildern durchwobenen amtlichen Berichte und Reden, welche den Charakter der Ursprünglichkeit, oft den der Naivität tragen. Ihren Gemeinsinn bewiesen sie nicht nur durch treue Arbeit, sondern auch als *fröhliche Geber*. In ihrer Heimat, in der Gemeinde ihres Wohnorts oder Gutes, verwandten sie beträchtliche Summen für gemeinnützige Zwecke. Der Feldmarschall von Sparr baute Kirchen und Türme, schenkte Glasmalereien und Glocken, Derfflinger ließ eine stattliche Dorfkirche aufführen, der ältere Schwerin tat ein Gleiches. Joachim Ernst von Grumbkow gründete ein Kloster für zwölf Jungfrauen, der jüngere Jena bestimmte 60000 Taler für ein Fräuleinstift und ein Hospital. Ähnlich verfuhr auch unser Paul von Fuchs. Er ließ in Malchow ein Predigerwitwen- sowie ein Armen- und Waisenhaus herstellen.«

Ob diese Stiftungen noch existieren, hab ich an Ort und Stelle nicht in Erfahrung gebracht.

Der Abend war mittlerweile hereingebrochen, und mein freundlicher Wirt begleitete mich eine gute Strecke, bis die Lichter von Weißensee hell auf meinen Weg fielen. Dann schieden wir, hoffentlich nicht für immer, und abermals anderthalb Stunden später lagen die Schneefelder und die grünen Staketenzäune, la maison rouge und der maître d'école, das warme Pfarrhaus und die kalte Kirche, die Grecborten und das gespenstische Wappen derer von Fuchs – alles traumhaft hinter mir.

Ein entzückender Tag. Die Gruft hatte nichts herausgegeben, aber das Leben hatte bunt und vielgestaltig zu mir gesprochen.

Und das bedeutet das Beste.

An Friedrich Fontane

Berlin, d. 23. Dezember 1884.

Mein lieber Friedel.

Mamas Weihnachtskiste ist hoffentlich schon in Deinen Händen, und von mir sollen Dir wenigstens die herzlichsten Wünsche nicht fehlen. Ich denke mir, daß Du morgen, den Tag über, noch viel zu tun haben und den Abend halb bei Deinem Chef, halb bei Baltzens (denen wir uns angelegentlichst empfehlen) zubringen wirst. Wo's aber auch sei, sei heiter und vergnügt und nimm teil an der Freude der andern. Dabei fällt dann immer auch etwas eigne Freude ab.

Hier sieht es leidlich aus; das polnische Mädchen, das wir haben, befriedigt zwar nur unvollkommen, aber als Polin kann sie wenigstens Karpfen kochen, was ja in der Weihnachtszeit etwas bedeutet. Gestern hat sie sich dadurch in momentane Gunst hineingekocht. George ist seit drei Tagen hier und in ganz guter Stimmung; heute abend übersiedelt er in die kleine Stube von Mutter Kerckow. Mete war, so lange George hier ist, bei M.s; heute abend zieht sie wieder in ihr Stammquartier ein. Theo weiß noch immer nicht, wann sein Examen stattfinden wird; ich denke mir, Mitte Januar. Mama, trotzdem sie sich sehr quälen muß, ist ausreichend bei Wege; vorgestern war sie bei Wilhelm Hertz in der Behrenstraße und kam leidlich befriedigt wieder nach Hause. Von Steffens habe ich für ein paar Freunde einige Petöfy-Exemplare besorgt; das einzige bewährte Mittel zum Absatz meiner Bücher – ich muß sie selber kaufen. *Julius Wolff* ist in vier Wochen schon wieder bis an 12- oder 15000 'ran; Gott gibt es den Seinen im Schlaf. Und wer diese Höhe 'mal erreicht hat, der kann sie nie wieder ganz verlieren, auch wenn er das Dümmste schreibt. Es wird dann wohl etwas weniger und die 15000 schrumpfen zu 10- und 5000 zusammen, aber eine gewisse Präponderanz bleibt für Lebenszeit. Nachher aber ist es egal, und in der Literaturgeschichte scheint die Sonne über Gerechte und Ungerechte; jeder kriegt seine zwei Zeilen.

Nochmals: habe einen frohen Tag, einen glücklichen Abend. Bei dem bekannten Sherrypunsch, wo wir Dich und Deine Rede vermissen werden, werden wir Deiner in Liebe gedenken. Wie immer Dein alter

Papa.

Sankt Jonathan

Sankt Jonathan, der 29. Dezember, war von alter Zeit her der Tag der Umzüge in Hohen-Vietz, allerhand Mummenschanz wurde getrieben, und bei Beginn des Nachmittags zogen außer Knecht Ruprecht und dem Christkinde auch Joseph und Maria und die Heiligen Drei Könige von Haus zu Haus. Zu diesem alten Bestande traten aber auch neue Figuren hinzu, so heute der »Sommer« und der »Winter«, von denen jener zu seinem leichten Strohhut Harke und Sense, dieser zu Pelz und Holzpantinen einen Dreschflegel trug. Sie führten ein Zwiegespräch:

> Ich bin der *Winter* stolz,
> Ich baue Brücken ohne Holz –

und rühmten sich ihrer gegenseitigen Vorzüge, bis zuletzt Versöhnung und Segenswünsche für das jedesmalige Haus, in dem sie sich befanden, ihren lang ausgesponnenen Streit beendeten.

Ein besonderes Glück machten heut auch die Schulkinder, deren mehrere als »Schneewittchen und ihre Zwerge« ihren Umzug hielten; Schneewittchen mit langem blonden Haar, die Zwerge mit Flachsbärten und braunen Kapuzen. Als sie zuletzt auf den Gutshof kamen, fanden sie die jungen Herrschaften samt Tante Schorlemmer in derselben großen Halle, in der auch der Weihnachtsaufbau stattgefunden hatte, versammelt, und nach kurzer Ansprache, worin Schneewittchen für ihre Begleiter um die Erlaubnis zum Rätselaufgeben gebeten hatte, traten die Zwerge vor und taten ihre Fragen:

»Was kann kein Mensch erzählen?«

»Daß er gestorben ist.«

»Wer kann alle Sprachen reden?«

»Der Widerhall.«

»Wer ist stärker, der Reiche oder der Arme?«

»Der Arme; denn er hat Not, und Not bricht Eisen.«

So gingen die Fragen, aber die hier gegebenen Antworten blieben aus, und Maline Kubalke, die mit in der Halle war, mußte manchen Teller voller Äpfel und Nüsse herbeischaffen, um die Quersäcke der Zwerge zu füllen.

Sylvester-Nacht

Das Dorf ist still, still ist die Nacht,
Die Mutter schläft, die Tochter wacht,
Sie deckt den Tisch, sie deckt für zwei,
Und sehnt die Mitternacht herbei.

Wem gilt die Unruh? wem die Hast?
Wer ist der mitternächt'ge Gast?
Ob ihr sie fragt, sie kennt ihn nicht,
Sie weiß nur, was die Sage spricht.

Die spricht: wenn wo ein Mädchen wacht
Um zwölf in der Sylvesternacht,
Und wenn sie deckt den Tisch für *zwei*,
Gewahrt sie, wer ihr Künft'ger sei.

Und hätt ihn nie gesehn die Maid,
Und wär er hundert Meilen weit,
Er tritt herein und schickt sich an,
Und ißt und trinkt, und scheidet dann. –

Zwölf schlägt die Uhr, sie horcht erschreckt,
Sie wollt, ihr Tisch wär ungedeckt,
Es überfällt sie Angst und Graun,
Sie will den Bräutigam nicht schaun.

Fort setzt der Zeiger seinen Lauf,
Niemand tritt ein, sie atmet auf,
Sie starrt nicht länger auf die Tür, –
Herr Gott, da sitzt er neben ihr.

Sein Aug ist glüh, blaß sein Gesicht,
Sie sah ihn all ihr Lebtag nicht,
Er blitzt sie an, und schenket ein,
Und spricht: »Heut nacht noch bist du mein.

Ich bin ein stürmischer Gesell,
Ich wähle rasch und freie schnell,
Ich bin der Bräut'gam, du die Braut,
Und bin der Priester, der uns traut.«

Er faßt sie um, ein einz'ger Schrei,
Die Mutter hört's und kommt herbei;
Zu spät, verschüttet liegt der Wein,
Tot ist die Tochter und – allein.

Quellenverzeichnis

Die mit einem Stern (*) bezeichneten Titel stammen vom Herausgeber.

Alles still! In: Gedichte. Bd. I. Gedichte (Sammlung 1898.) Aus den Sammlungen ausgeschiedene Gedichte. Berlin 1989.

Noch ist Herbst nicht ganz entflohn.* In: Gedichte. Bd. II. Einzelpublikationen, Gedichte in Prosatexten, Gedichte aus dem Nachlaß. Berlin 1989.

Schlacht- und Backzeit.* In: Autobiographische Schriften. Bd. I: Meine Kinderjahre. Berlin: Aufbau 1982.

Tannenbaum und Stechpalme. In: Sämtliche Werke. Hrsg. v. Walter Keitel. Aufsätze, Kritiken, Erinnerungen. Bd. I: Aufsätze und Aufzeichnungen. München: Hanser 1969.

An Emilie Fontane (Mutter). In: Briefe 1890-1898. Bd. I. 1833–1860. München 1976.

Aber diesmal wird es eine Freude sein.* Autobiographische Schriften. Bd. I: Meine Kinderjahre. Berlin: Aufbau 1982.

An Elise Weber geb. Fontane. In: Briefe 1890–1898. Bd. III. 1879–1889. München 1980.

An Friedrich Witte. In: Briefe 1890–1898. Bd. I. 1833–1860. München 1976.

Die Christnacht. In: Gedichte. Bd. II. Einzelpublikationen, Gedichte in Prosatexten, Gedichte aus dem Nachlaß. Berlin 1989.

An Emilie Fontane (Mutter). In: Briefe 1890–1898. Bd. II. 1860–1878. München: 1979.

Nach Hohen-Vietz.* In: Vor dem Sturm. In: Romane und Erzählungen in acht Bänden. Hrsg. v. Peter Goldammer, Gotthard Erler, Anita Golz und Jürgen Jahn. Bd. 1. Berlin 4. Aufl. 1993.

An Emilie Fontane. In: Emilie und Theodor Fontane. Dichterfrauen sind immer so. Der Ehebriefwechsel 1844–1857. Hrsg. v. Gotthard Erler unter Mitarbeit von Therese Erler. Bd. 1. Berlin: Aufbau 1998.

Am Heil'gen Abend. In: Gedichte. Bd. II. Einzelpublikationen, Gedichte in Prosatexten, Gedichte aus dem Nachlaß. Berlin 1989

Emilie an Theodor Fontane. In: Emilie und Theodor Fontane. Dichterfrauen sind immer so. Der Ehebriefwechsel 1844–1857. A. a. O.

An Emilie – Zu Weihnachten 1846. In: Gedichte. Bd. III. Gelegenheitsgedichte, Dramenfragmente, Hamlet-Übersetzung. Berlin 1989.

In einem Hause ohne Kinder.* In: Vor dem Sturm. A. a. O.

Und so kam Heiligabend heran.* In: Effi Briest. In: Romane und Erzählungen in acht Bänden. Hrsg. v. Peter Goldammer, Gotthard Erler, Anita Golz und Jürgen Jahn. Bd. 7. Effi Briest, Die Poggenpuhls, Mathilde Möhring. Berlin 4. Aufl. 1993

An Emilie – Zum 24. Dezember 1859. In: Gedichte. Bd. III. Gelegenheitsgedichte, Dramenfragmente, Hamlet-Übersetzung. Berlin 1989.

Das Geschenk.* In: Der Stechlin. In: Romane und Erzählungen in acht Bänden. Hrsg. v. Peter Goldammer, Gotthard Erler, Anita Golz und Jürgen Jahn. Bd. 8. Berlin 4. Aufl. 1993.

Des armen Mannes Weihnachtsbaum. In: Neue Preußische Zeitung, 32. 12. 1857.

Dreilinden im Schnee. In: Dreilinden. In: Wanderungen durch die Mark Brandenburg. Fünf Schlösser. Altes und Neues aus Mark Brandenburg. Hrsg. v. Gotthard Erler und Rudolf Mingau unter Mitarbeit von Therese Erler. Berlin 1990.

An Emilie – Zum 24. Dezember 1862. In: Gedichte. Bd. III. Gelegenheitsgedichte, Dramenfragmente, Hamlet-Übersetzung. Berlin 1989.

Die Feuersbrunst.* In: Ellenklipp. In: Romane und Erzählungen in acht Bänden. Hrsg. v. Peter Goldammer, Gotthard Erler, Anita Golz und Jürgen Jahn. Bd. 3. Grete Minde, L'Adultera, Ellenklipp, Schach von Wuthenow. Berlin 4. Aufl. 1993.

An Mathilde von Rohr. In: Briefe 1890-1898. Bd. III. 1879-1889. München 1980.

Malchow - Eine Weihnachtswanderung. In: Wanderungen durch die Mark Brandenburg. Hrsg. v. Gotthard Erler und Rudolf Mingau. Bd. IV. Berlin 1979.
An Friedrich Fontane. In: Briefe 1890-1898. Bd. III. 1879-1889. München: 1980.

»Meine liebe, gute Mama.«* (7. 1. 1866)

Sankt Jonathan.* In: Vor dem Sturm. A. a. O.

Sylvester-Nacht. In: Gedichte. Bd. I. A. a. O.